예수의 비밀

KB191579

예수의 비밀

1판 1쇄 발행 2024년 2월 28일
지은이 위 영

교정 신선미   **편집** 양보람   **마케팅·지원** 김혜지
펴낸곳 (주)하움출판사   **펴낸이** 문현광

이메일 haum1000@naver.com   **홈페이지** haum.kr
블로그 blog.naver.com/haum1000   **인스타** @haum1007

ISBN 979-11-6440-541-1(03230)

좋은 책을 만들겠습니다.
하움출판사는 독자 여러분의 의견에 항상 귀 기울이고 있습니다.
파본은 구입처에서 교환해 드립니다.

그의 삶과 죽음 그리고 부활, 그 숨겨진 이야기

예수의 비밀

하움출판사

목 차

CHAPTER 3

목 차

CHAPTER 4

프롤로그

　전작 《마리아의 비밀》을 읽어봤던 독자들은 이 책에서 성경을 과학적으로 해석하려는 표현들이 익숙할 것이다. 물론 책을 처음 읽는 독자도 그런 표현들이 금세 익숙해져 어느새 이 책이 갖고 있는 '세계관'에 흠뻑 빠지게 될 것이다.

　많은 사람이 예수의 비밀을 저마다의 방법으로 해석한다. 하지만 대부분 종교적인 차원을 벗어나서 좀 더 과학적이고 논리적인 해석을 끌어내지는 못하는 것 같다.

　누군가가 그런 것을 시도한다면 종교인들은 분명 이렇게 말할 것이다.

　"예수는 신의 영역입니다. 불가사의한 존재이기에 인간이 공부한다고 알 수 있는 것이 아니니, 모르겠으면 그냥 무조건 믿어야 합니다."

　만일 그런 사람들에게 궁금한 의문들을 밝히고자 논하다

가는 그들은 대번에 '이단'이라는 소리를 질러댈지도 모른다. 그렇다고 해서 전통적인 틀에만 갇혀서 머문다면 우리는 지금까지도 '태양이 지구를 돈다.'라고 알고 있을 것이다.

이 책은 성경 속의 숨겨진 비밀들을 전통적인 사고의 틀을 깨는 새로운 시각으로 해석하고 있다. 기존의 시각과 달라서 다소 충격적일 수도 있지만, 한편으로는 참신하게 다가와서 독자들의 마음을 사로잡을 것이라 믿는다.

예수의 소년 시절은 어떠했을까?

예수는 나이 30세가 되자 공생애 노정을 걸었다. 그 이전의 삶은 12세에 유월절 명절을 쇠러 예루살렘에 갔었던 일 외에 전혀 알려진 것이 없다. 과연 30세 이전에는 어떤 삶을 살았을까?

많은 사람이 아버지 요셉의 직업을 이어받아 목수로 살았으리라 추측하고 있다. 하지만 이 책에서는 통념과는 다르면서도 개연성 있는 예수의 소년 시절을 그려 냈다.

예수는 결혼하지 않은 것인가? 못한 것인가?

   지금까지 많은 사람들이 예수가 자의에 의해 결혼하지 않은 것이라고 믿고 있다.

   하지만 이 책은 예수는 결혼을 안 한 것이 아니라 결혼을 못한 것이라고 말한다. 왜냐하면 신의 뜻이 아담과 하와가 결혼하는 것이었듯이 아담을 대신한 예수도 반드시 결혼하여 가정을 이루어야 한다고 이 책은 말하고 있기 때문이다. 따라서 그가 결혼하지 않은 것이 아니라 어떤 이유로 결혼하지 못한 것이라 보는 것이다.

   그 어떤 이유는 무엇이었을까? 이 책은 그 이유를 찾고자 하였다.

왜 예수는 마리아에게 탄식하였는가?

   성경에 보면 예수는 다양한 기적을 일으켰다. 그중 사람들에게 가장 인상 깊은 것이 물로 포도주를 만들었다는 이야기이다. 그런데 더 인상 깊은 것은 물로 포도주를 만들었다는 내용보다 그의 어머니 마리아가 예수에게 와서 잔치 중에 술이 떨어졌다고 말하는 부분이다.

마리아는 예수에게 왜 그런 말을 했던 것일까? 예수가 바닥난 술을 만들어 내기라도 하라는 것인가? 만일 그렇다면 마리아가 예수의 기적을 전에도 본 적이 있었다는 말인가?

그런 마리아에게 '나와 무슨 상관이 있나이까? 내 때가 아직 이르지 아니하였나이다.'라고 말하는 예수의 탄식도 알쏭달쏭하기는 마찬가지이다.

이 책은 이 미스터리한 사연에서 논리적인 이유를 찾아 내고자 했다.

예수의 죽음은 신의 뜻인가? 인간의 잘못인가?

예수의 죽음이 필연인지 아닌지는 지금도 의견이 분분하다. 그 이유는 예수의 죽음이 필연인 것처럼 쓰여 있는 성구도 있지만 그렇지 않은 경우도 많기 때문이다.

예수는 겟세마네 동산에서 이 잔을 지나가게 해달라고 애절한 기도를 3번이나 했다. 만일 자신의 죽음이 필연이라면 왜 그토록 죽음 앞에서 괴로워했을까? 또한 그를 따르는 무리가 스승의 죽음에 분노를 느꼈다. 그뿐만 아니라 천상의 신은 독생자 예수가 죽자 성소의 휘장을 찢어 버리고 어둠과 지진으로 슬픔을 표현했다. 이렇듯 예수의 죽음이 필연이 아닌 마치 인간의 잘못으로 인한 것처럼 느끼게 하는 표현은 곳곳에 나와 있다.

과연 진실은 무엇일까? 이 책은 그 진실이 무엇인지 밝히고자 했다.

왜 가룟 유다는 스승을 팔았는가?

가룟 유다가 돈을 받고 예수를 팔아넘겼다는 이야기는 너무도 유명하다. 만일 가룟 유다가 스승을 팔지 않았다면 예수는 죽지 않았을까?

은 30냥이라는 돈은 당시 가치로 보았을 때 그리 많은 돈이 아니었다. 그런데 왜 가룟 유다는 굳이 스승을 팔아넘긴 것인가? 가룟 유다가 돈 몇 푼에라도 팔아야 하는 뭔가 더 큰 동기가 있었던 것일까?

이 책은 가룟 유다가 스승을 팔아넘긴 강한 동기를 찾고자 했다.

예수의 시신은 어디로 사라졌는가?

예수의 시신이 사라졌다는 이유만으로 제자들은 단순히 스승의 시신이 다시 살아났다는 것으로 연결 지었다. 정말 시신이 다시 살아서 돌아왔던 것인가?

예수를 장례 지낸 사람은 가장 가까운 사람들이 아니라 성경상에 잘 보이지 않던 아리마대 요셉과 니고데모 두 사람이었다. 이들이 짧은 시간이었지만 무덤을 준비하였고 많은 양의 향품을 준비하여 제대로 장례를 치렀다. 어떻게 이들은 그 짧은 시간에 그런 것들을 준비할 수 있었는가?

시신이 사라지고 나자, 예수의 주변 인물들이 다들 놀라고 당황하였다. 정말 스승이 부활하신 것인가 하고 무덤에 달려가 확인한 제자도 있었다. 하지만 정작 장례를 치렀던 아리마대 요셉과 니고데모가 무덤을 다시 찾았다는 말은 어디에도 없다. 사라진 시신과 그들이 어떤 관계가 있지 않았을까?

왜 예수는 부활해야 했는가?

예수는 십자가에 죽고 나서 다시 살아나 지상에서 40일 간을 제자들과 함께하였다. 기독교에서는 이 '부활'에 아주 큰 의미를 둔다. 왜냐하면 이 부활로 인해 흩어졌던 제자들이 다시 결속하였고 그들의 노력으로 예수의 말씀이 널리 전파되어 오늘날의 기독교를 만들어 냈기 때문이다.

하지만 많은 면에서 의문이 아닐 수 없다. 예수가 부활 후에 한 일은 제자들의 마음을 하나로 모아 믿음을 굳건하게 한 것이었다. 단순히 제자들의 믿음을 굳건하게 하고자 부활한 것인가? 아니면 거기에는 또 다른 이유가 있었는가?

왜 예수는 죽어야 했고 부활해야 했는가?

이 책은 그 절절한 사연들의 이유를 독자들에게 찾아줄 것이다.

이 외에도 예수의 행적에서 보이는 미스터리한 내용들과 숨겨진 사연들이 좀 더 과학적이고 보편타당하게 표현되어 독자들에게 설득력 있게 다가가리라 믿는다.

CHAPTER

1

하늘의 아들

마리아는 잃어버린 아들을 예루살렘 성전에서 발견했을 때 아들이 부모를 향해 했던 말이 머리에서 떠나지 않았다.

'어찌하여 나를 찾으셨나이까? 내가 내 아버지의 집에 있어야 될 줄을 알지 못하셨나이까?'

예루살렘에서 유월절 행사를 끝내고 나사렛으로 돌아온 후, 마리아는 예수를 조용히 불러 물었다.

"예수야, 너는 어찌하여 성전이 네 아버지의 집이라고 하였느냐?"

그러자 예수는 마리아의 눈을 쳐다보며 오히려 되물었다.

"어머니, 저의 진짜 아버지는 누구입니까?"

마리아는 순간 당황하며 속으로 '예수가 누군가로부터 출생의 비밀을 듣고 이렇게 묻는 것인가?'고 생각했다.

"갑자기 무슨 말이냐? 어디서 무슨 소리를 듣기라도 했느냐?"

"어머니, 그게 아니오라 언젠가부터 제가 혼자 가만히 있을 때 보이지 않는 누군가가 제 귀에 대고 '내가 너의 아버지이니라.'라고 하더이다."

"그래? 그가 어디의 누구라 하더냐?"

"저... 그게... 사람이 아니고, 하나님이라고 하더이다."

순간 마리아는 놀라움에 몸을 떨었다.

"그... 그래서 네가 성전을 아버지의 집이라고 하였던 것이구나...."

마리아는 예수의 잉태를 위해 목숨을 걸고 벌였던 일들이 생각나면서 눈시울이 뜨거워졌다.

"어머니, 왜 그러세요?"

갑작스러운 어머니의 반응에 예수는 놀라지 않을 수 없었다.

"아, 아니다. 눈에 뭐가 들어갔나 보다."

마리아는 눈물을 빨리 닦고는 다시 예수를 쳐다보았다.

"잘 들어라, 너와 같이 살고 있는 요셉이 너의 아버지임은 분명하다. 하지만 너의 진짜 아버지는 하나님이시다. 너는 그분의 아들이다. 너는 남들과는 다른 특별한 사람이다. 그것을 잊지 말거라. 그리고 이 사실을 아무에게도 말해선 아니 되느니라."

예수가 신을 만난 것은 이미 꽤 오래전부터였다.

"예수야."

어디선가 예수를 부르는 소리가 들렸다. 예수는 아버지 요셉에게 달려갔다.

"아버지, 저를 부르셨어요?"

"아니다. 부른 적 없다."

예수의 귀에 누군가의 목소리가 분명히 들렸다. 하지만 아무도 그를 부른 사람은 없었다.

이런 일이 종종 있고 나서 예수는 이것이 사람의 소리가 아닌 마음속에서부터 들려오는 소리임을 깨닫게 되었다.

어느 날 혼자 있는 예수에게 누군가가 또 와서 이름을 불렀다.

"예수야."

예수는 이것이 분명 사람의 소리가 아님을 깨닫고 마음으로 대답하기 시작했다.

"네. 예수, 여기 있습니다. 말씀하소서."

그러자 따뜻하면서도 굵고 나이 든 남성의 음성이 들려왔다.

"그래. 이제야 네가 나의 목소리를 알아보는구나."

그러자 예수가 침착하게 물었다.

"저에게 다가와 말씀하시는 분은 누구십니까?"

"궁금하냐?"

"네. 무척 궁금합니다."

"나는 너의 아버지이다."

"네? 아버지라고요? 저의 아버지는 요셉인데요?"

"하하하. 그래 맞다. 세상에서는 요셉이 너의 아버지다. 그러나 진짜 너의 아버지는 바로 나이니라. 사람들이 주님으로 믿고 있는 하나님 말이다."

"하나님이 저의 아버지시라고요? 하나님은 주님이고, 인간은 주의 종이라고 들었는데요...."

"그래. 인간은 타락하여 종이 되었다. 허나 너는 다르다. 너는 종이 아니라 나의 아들이다."

어느 날 찾아온 신과의 대화는 계속해서 이어지기 시작했다. 아이들과 놀다가도 신의 목소리가 들리면 조용한 곳에 가서 몇 시간씩 신과 대화를 나누었다.

"예수는 어디를 간 거야?"

같이 놀던 아이가 사라진 예수를 찾았다. 다른 아이들도 예수를 찾았지만, 예수는 보이지 않았다. 그러다가 한참 만에 나타났다. 이런 일이 종종 있고 나서 아이들은 예수가 좀 이상한 아이라고 생각했다.

천대받은 갈릴리

이스라엘의 북쪽은 갈릴리 호수를 중심으로 여러 도시와 농촌이 형성되어 있었다. 이 지역은 지리적 특성상 이방 민족이 주변에 자리 잡고 있어서 오랜 세월 외세의 침략을 자주 받았다. 그래서 갈릴리는 많은 이방인과 다양한 문화가 공존하고 있었다. 이 갈릴리에 사는 사람들을 흔히 갈릴리인이라고 불렀다.

반면 남쪽의 예루살렘을 중심으로 한 유대 지역은 이스

라엘의 고유한 전통을 지키며 살아왔다. 이 유대 지역에 사는 사람들을 흔히 유대인이라 불렀다. 그런 유대인들이 보기에 갈릴리는 이방의 나라로 보였는지 갈릴리를 멸시하곤 했다. 주변에 갈릴리 사람이라도 있으면 조롱을 서슴지 않았다.

"뭐라고? 이방 잡종의 나라에서 온 갈릴리 촌놈이 저놈이란 말이냐?"

"그렇다네, 저 갈릴리 놈을 당장 발길질해서 내쫓게나. 하하하!"

갈릴리는 땅이 비옥하여 농사가 잘되었기에 여기서 수확한 식량으로 유대를 먹여 살릴 정도였다. 그런데도 이런 대접을 받았던 갈릴리 농부들은 모이면 자신들의 신세를 한탄했다.

"우리가 농사를 짓지 않으면 당장 굶어 죽을 것들이 어찌 이리도 우리를 괄시한다는 말인가?"

"그런 소리 말게나. 우리가 농사만 짓는 것일 뿐 땅 주인이 그들인데 우리가 뭐라 할 수 있겠나?"

사실 땅을 소유한 대부분의 사람이 유대에 사는 지배층이었다. 이들은 당시에 글 좀 배운 지식인들이었다. 그들은 가난한 농민들에게 고리로 돈을 빌려주고 못 갚으면 땅을 뺏어갔다. 그러고는 그 땅을 다시 다른 농민들에게 농사짓게 하고 고리의 소작료를 받아 챙겼다. 그야말로 누워서 떡 먹기식 재산 축적 방법이었다. 유대의 지배층은 이렇게 머리를 써서 가난한 사람들의 등골을 빼 먹었다.

어느 해는 흉년이 들어서 소작농들이 자기 먹을 것도 없을 때였다.

"올해는 흉년이 들어서 그러니 소작료를 조금만 감해 주시옵소서."

소작농들이 지주에게 사정 사정을 하고 땅에 엎드려 빌었지만, 지주는 눈 하나 꿈쩍하지 않더니,

"계약한 대로 소작세를 내든지, 다음부터는 농사를 짓지 말든지, 알아서 하게나."

라며 말하고는 뒤돌아서 가버렸다.

결국 소작농들은 소작료를 다 내고는 날마다 배를 움켜쥐고 굶주림에 허덕이며 살아야 했다.

이러다 보니 갈릴리에서는 농민들의 반란이 자주 일어났다. 더 이상 잃을 것이 없는 그들은 누군가가 나타나 "내가 메시아다. 나를 따르라!"라고 한마디만 해도 그를 지지하고 반란에 가담하곤 했다.

하지만 반란은 이내 중앙정부에서 보낸 군대에 의해 진압당했다. 진압당하고 나면 설상가상으로 반란에 대한 징

벌로 중앙정부로부터 더욱더 많은 세금을 징수당했다. 그 바람에 갈릴리인들은 더 큰 고통을 겪게 되었다.

이렇듯 갈릴리는 눈물과 한이 서린 곳이었다.

예수는 갈릴리의 자그마한 동네인 나사렛에서 자랐다. 나사렛은 너무 작은 촌구석인 데다 농사도 잘되지 않아 먹고 살아갈 만한 것이 없었다. 그래서 나사렛의 많은 남정네들은 갈릴리의 도시에 나가 일을 해서 품삯을 받으며 살았다.

"마리아, 다녀오리다."

예수의 아버지 요셉은 아침이면 일찌감치 일어나서 갈릴리 도시로 향해 떠났다.

어느 날 이웃집 사람이 요셉에게 찾아왔다.

"요셉, 세포리스에서 반란이 일어났다더구먼."

세포리스는 나사렛에서 북서쪽으로 1시간 반을 걸어가면 나오는 도시로, 갈릴리의 도시 중에 규모가 제일 큰 곳이라 요셉도 자주 이곳에서 일을 하곤 했다.

"그래요? 세포리스도 반란이 일어났단 말이요?"

"그렇다네. 이번 반란은 심상치가 않네. 갈릴리 유다라는 자가 세포리스에서 로마에 대항하여 반란을 일으켰는데 그 규모가 엄청나다는구먼. 세포리스에 로마가 언제 쳐들어올지 모르니 자네도 당분간은 그쪽으로는 일을 나가지 말게나.”

갈릴리 유다는 로마의 세금 정책에 불만을 품은 사람들을 불러 모아 세력을 키웠다. 불러 모은 사람들 앞에서 “나는 메시아다!”라고 외치자, 갈릴리 각지에서 더욱더 모여들어 그 규모가 거대해졌다. 그는 그 힘을 믿고 세포리스의 무기 창고를 털었다.

세포리스의 무기 창고를 털었다는 소식은 로마의 심기를 극도로 자극했다. 로마는 체제에 저항하는 세력을 최고의 적으로 봤기 때문에 이걸 가만히 둘 리가 없었다.

얼마 후 세계 최강의 로마군은 세포리스로 쳐들어와서 수천의 반란군을 무참하게 살육했다.

세포리스의 십자가

　어느 날 나사렛에 로마 군인 수십 명이 들이닥치더니, 그들의 우두머리가 마을 사람들을 모아놓고 연설했다.

　"우리 로마는 세포리스의 반란을 진압하고 지금은 도시를 안정시키는 일을 하고 있다. 마을의 장정들은 당장 짐을 꾸려서 우리와 함께 세포리스로 향한다. 일꾼들에게는 매일 하루 품삯과 음식을 제공할 것이다."

　갈릴리 유다에 동조한 세포리스는 로마 군대에 의해 무

참히 살육당했다. 반란군을 진압한 로마는 세포리스의 모든 주민을 노예로 팔아버리고 도시는 사람이 살 수 없는 폐허로 만들어 버렸다. 또한 반란에 가담한 2,000명에게 십자가형을 선고했다.

2,000명이나 되는 사람들을 십자가에 매달기 위해서는 수백 명의 목수들이 며칠 동안 나무를 베고 깎아야만 했다. 이러한 일에 갈릴리의 목수와 장정들이 모집되어 끌려갔다. 이제 막 성인식을 치른 13세의 예수도 성년으로 취급되어 장정들과 함께 로마군에 의해 강제로 끌려갔다.

나사렛에서 끌려온 일꾼들이 도시 어귀에 도착하자 이미 갈릴리 주변에서 온 목수들과 장정들이 나무를 자르거나 다듬고 있었다. 막 도착한 나사렛 목수들도 연장을 들고는 일을 하기 시작했다. 예수 또래의 소년들은 물을 떠 오거나 잔심부름을 맡았다.

"빨리빨리 해라!"

로마 군인들이 여기저기 서서 일꾼들에게 눈을 부라리며 재촉해댔다. 일꾼들이 하루 종일 쉬지 못한 채 땀을 흘리며 일해서 하루에 2백여 개의 십자가 형틀을 만들어 냈다. 일이 끝나면 너나 할 것 없이 다들 지쳐서 녹초가 되었다. 요셉은 로마 군인들의 강압에 화가 치밀어 올랐다.

"로마 놈들 너무 하는 거 아니오? 돈 주고 일을 시킨다지만 사람들을 이렇게 혹사하게 하나...."

"그러게 말일세. 저놈들이 빨리 끝내고 집에 가고 싶어 아주 작정하고 일을 시키는가 보네."

열흘이 지나 십자가 형틀을 다 만들고 나니 이번에는 형틀에 죄수들을 매다는 일이 시작되었다. 일단 힘 좀 쓰는 장정들이 기둥을 세웠다. 그렇게 기둥을 세우자, 군인들이 죄수들을 끌고 와서 옷을 벗기고는 형틀에 뉘었다. 군인들이 달려들어 커다란 망치를 갖고는 죄수의 양쪽 손목과 발등에 대못을 박았다. 못을 박을 때마다 죄수의 비명이 온 사방에 울려 퍼졌다. 못을 다 박자 밧줄로 형틀을 끌어당겨 기둥에 매달았다. 이렇게 한쪽에서는 기둥을 세우고 한쪽에서는 죄수를 매다는 장면이 반복되었다.

매달린 죄수들은 고통 속에 가쁜 숨을 몰아쉬었다. 빨리 죽어서 이 고통 속에 해방되고 싶지만, 그럴 수도 없었다. 그저 신음하며 죽음을 기다릴 수밖에 없었다.

신음 소리, 비명 소리, 망치 소리, 아비규환의 생지옥이 따로 없었다.

밤이 되자 저마다 연장을 내려놓고는 일터에서 얼마 떨어지지 않은 곳에 쳐놓은 장막으로 들어가 벌러덩 누웠다.

예수도 힘든 하루를 보내고 사람들 틈에 누워서 잠을 자려고 했다.

멀리서 '까악까악' 까마귀 소리가 들렸다. 누군가가 "벌써 까마귀들이 시체 냄새를 맡고 달려왔구먼."이라 말하고는 이내 잠이 들었다.

예수는 귀를 막고 눈을 감았지만 잠을 잘 수 없었다. 오늘 보았던 그 처참한 광경이 눈을 감자 다시금 선명하게 떠올랐기 때문이다.

예수는 마음속으로 신에게 물었다.

'아버지, 그들은 무슨 죄를 저질렀기에 그와 같은 고통을 겪어야 했나요?'

하지만 여느 때와는 달리 신은 아무 대답이 없었다.

예수는 밤새 뒤척이다 겨우 잠이 들었다.

며칠 후 모든 일이 끝났다. 일꾼들은 짐을 싸서 하루라도 빨리 이 지옥 같은 곳을 빠져나가려고 이른 아침부터 서둘렀다. 그런데 이 세포리스를 빠져나오려면 지난번 세웠던 2,000개의 십자가 밑을 지나가야만 했다.

일꾼들이 인상을 찌푸리며 투덜거렸다.

"아니, 근데 이 로마 놈들은 왜 십자가를 길목에다 세워 놓은 거야?"

"그러게 말이야. 이걸 또 보면서 가야 하잖아."

로마군 대장은 두 번 다시는 반란을 못 하게 한다며 십자가를 세포리스 입구에다 세우라고 명령했었다. 하는 수 없이 일꾼들은 자신들이 세웠던 2,000개의 십자가가 양쪽으로 늘어선 길을 지나가야만 했다.

세우는 것도 끔찍했는데 시체가 매달린 더 끔찍한 장면을 보면서 가려 하니 다들 가슴이 움찔하였다. 가는 내내 죽은 시체 위에 까마귀 떼들이 달려들어 머리와 몸을 파먹고 있었고 아래에서는 떨어져 나간 살점을 서로 차지하겠다고 들개들이 싸우고 있었다. 고향으로 가는 무리가 차마 고개를 들지 못하고 머리를 숙인 채 걸어갔다. 어떤 이는 행여 자기가 만든 십자가가 보일까 봐 눈을 가렸다.

"하나님, 어찌하여 예수에게 응답하지 않으셨나이까?"

천사 가브리엘이 궁금하여 신에게 물어보자, 신이 진지한 표정으로 대답하였다.

"예수는 하늘의 아들이다. 따라서 그의 부모인 내가 그를 특별히 대하는 것은 당연하다. 하지만 모든 것을 신이 가르쳐 줄 수는 없는 것이다. 아직 어리긴 하지만 그 나이라면 이제 충분히 스스로 깨닫고 찾아갈 수 있을 때이다. 이제부터는 내가 그에게 응답하지 않더라도 그가 스스로 해답을 찾아 나갈 것이다."

이후로 오랫동안 신의 응답이 없었지만, 예수는 스스로 묻고 답하면서 답을 찾아갔다. 그는 성경을 수없이 읽고 궁금한 것이 있으면 선생들을 찾아다니며 신의 섭리를 탐구해 나갔다.

외로운 예수

이집트로 피신을 갔다가 2년 만에 나사렛으로 돌아온 후 요셉은 마리아에게 자기 자식을 갖고 싶다는 요구를 거듭하였다. 결국 마리아는 요셉을 요구를 이기지 못하고 그와 동침하여 아들을 낳았다. 그때 예수의 나이 3살이었다.

요셉은 자신의 아들이 생긴 것에 너무도 기뻐 어쩔 줄을 몰랐다. 아이를 안고 덩실덩실 춤을 추었다.

"요셉, 그만 춤을 추고 이름을 뭐로 부를지나 정하세요."

"마리아, 이 아이의 이름은 이미 정해 놓았소."

요셉은 자기 아버지 야곱의 이름을 따서 아들의 이름을 야고보라 하였다.

요셉이 기뻐서 춤을 출 때, 어린 예수는 요셉을 물끄러미 쳐다보았다. 마리아는 그런 예수를 보며 왠지 예수가 측은하게 느껴졌다. 요셉이 저리도 자기 자식을 좋아하니 친자식이 아닌 예수에게 사랑을 줄 수 있을지 우려스러웠기 때문이다.

마리아는 야고보를 낳고 다음 해 또 아들을 낳았다. 요셉은 자신의 둘째 아들이 태어났을 때는 기쁨이 얼마나 컸는지 자신의 이름을 물려주었다.

"아기 요셉아. 아빠도 요셉이고 아들도 요셉이구나. 하하하."

이번에도 요셉은 아기를 안고 덩실덩실 춤을 추었다. 그는 자기 자식들을 무척 사랑했고 마리아와 예수 앞에서도 그 마음을 감추지 않았다.

요셉이 아이들을 너무 좋아한 나머지 그 후로도 줄줄이 자식을 두어 예수 밑으로 모두 합쳐 아들 3명과 딸 2명을 두었다. 어느새 요셉의 집은 아이들로 가득 차게 되었고 예수가 12세가 될 때까지 마리아는 젖먹이를 안고 살아야만 했다.

요셉의 아이들은 커갈수록 요셉의 외모를 닮아갔다. 예수가 야고보와 같이 걸을 때면 사람들이 야고보를 보며 한마디씩 말했다.

"야고보는 어디 가도 요셉의 아들임을 알 수 있겠구나."

"그러게 말이야. 어쩜 저렇게 야고보는 아빠를 빼다 닮았냐."

그렇게 말하며 뒤돌아서 자기들끼리 수군거렸다.

"근데 예수는 누굴 닮은 거야?"

"그러게, 요셉도 안 닮고 마리아도 안 닮았으니 말이야."

외모뿐 아니라 야고보나 동생 요셉은 아버지 요셉의 일에도 관심이 많았다. 그 둘은 아버지가 뭔가를 할 때면 와서 물어보곤 했다.

"아버지, 이 연장은 뭐에 쓰는 거예요?"

"야고보하고 요셉은 왜 이리 아버지 하는 일에 관심이 많으냐?"

"저희도 이다음에 아버지같이 훌륭한 목수가 될 거예요."

"그래? 고놈들. 하하하~"

요셉은 아이들이 자신을 닮아가는 것에 큰 기쁨을 느꼈다.

한편 예수는 동생들과는 달리 요셉이 하는 일에는 전혀

관심이 없었다. 그는 항상 무언가를 골똘히 생각하며 먼 하늘을 바라보거나 땅바닥에 무언가를 그리며 보내곤 했다. 나이를 먹어갈수록 더욱더 사색하며 혼자 시간을 보내는 날이 많았다. 요셉도 그런 예수의 성격을 알았기에 심부름을 시켜도 야고보와 요셉을 시킬 뿐 예수에게는 일을 시키지 않았다. 요셉과 예수와의 사이는 점점 멀어져 갔다.

요셉이 일하고 돌아오면 야고보를 가장 먼저 찾았다.

"마리아, 우리 큰아들 어디 있소?"

"예수요?"

마리아의 대답에 요셉은 시큰둥한 표정을 짓더니 나지막이 말했다.

"아니, 야고보 말이오."

마리아의 입장에서는 예수나 야고보나 다 같은 자식이었지만 요셉은 달랐다. 요셉의 눈에는 야고보가 자신의 첫째 아들로 보였다. 이렇듯 요셉이 자기 자식들을 편애하는 것을 보면서도 마리아는 아무 말을 못 했다. 더 이상 마리아는 당당했던 소녀 마리아가 아니었기 때문이다.

목숨을 내놓고라도 하늘의 뜻을 위해서는 당당하던 소녀는 이제 사라지고 남편의 눈치를 보는 아내요, 그저 많은 아이의 엄마일 뿐이었다.

어느 날 이웃집 아낙네들이 놀러 와서는 마리아에게 물

었다.

"마리아, 요셉이 자식들에게 잘하는 것을 보면 참으로 가정적이오."

"네. 요셉이 다정다감해서 그래요."

"근데 왜 예수에게는 그러지 않는 것이오? 마치 남의 자식인 양."

그 소리에 마리아가 어쩔 줄 모르고 당황하며 표정이 일그러졌다.

옆에서 듣고 있던 다른 아낙네가 분위기가 어색했는지 깔깔깔 웃으며 "뭘 그런 소리를 해요? 남의 자식이라니."라며 웃어넘기려고 했다. 그러자 마리아는 정색하며, "아니에요. 애가 말수가 없고 성격이 좀 까칠해서 그래요."라며 오히려 요셉을 두둔하기 바빴다.

마리아는 그런 자신을 보면서 때로는 후회하며 '내가 어떤 수모를 당하더라도 엘리사벳의 집을 떠나지 않고 예수를 키웠어야 했는데... 그랬다면 이렇게 많은 아이를 키우느라 애쓰지 않아도 되고 예수에게 좀 더 사랑과 관심을 주었을 텐데.'라고 괴로워하기도 했다. 하지만 달라지는 것은 없었다.

부모의 그런 태도는 자녀들에게도 영향을 미쳐서 동생들도 예수를 달리 봤다. 어느새 예수는 이 집안의 이방인이 되어가고 있었다. 예수는 집안 분위기와 어울리지 못하는 자신의 처지에 고민하였다. 그리하여 15세가 되자 아예 집을 나와 주로 회당에서 지냈다. 그는 낮에는 일을 하고 저녁으로는 회당에서 책을 읽으며 보냈다.

어느 날 동생 야고보가 회당을 찾아왔다.

"형님, 나도 이제 내년이면 성년이 된다오."

"그래? 벌써 네 나이가 그렇게 됐구나."

"그래서 나도 성년이 되면 아버지를 따라 일을 배우러 다닐 것이오."

"그래. 목수 일이 쉽지는 않지만 먹고 살아가는 데는 괜찮을 것이다."

"그런데 형님은 왜 아버지 일을 물려받지 않고 여기서 사는 거요?"

야고보의 질문에 예수는 옅은 미소를 지으며 대답했다.

"야고보, 너는 성경을 읽어보았느냐?"

"글을 배운 적이 없는데 어떻게 성경을 읽어보겠소?"

요셉의 자녀들은 모두가 글을 몰랐다.

"야고보, 이제부터라도 글을 배워서 성경을 읽어보아라. 형이 글을 가르쳐 주마."

"아니요. 됐소. 우리가 글은 알아서 무엇하오. 학자가 될 것도 아니고."

예수가 야고보의 말에 다시금 미소를 지으며 말하였다.

"야고보, 왜 내가 아버지의 일을 물려받지 않느냐고 물었느냐?"

"그렇소."

"야고보, 너는 왜 아버지의 일을 물려받으려고 하느냐?"

"그야 우리도 그 일을 좋아하지만, 아버지도 우리가 그 일을 한다면 기뻐하실 테니 하려는 거 아니겠소?"

"그래, 맞다. 네가 아버지 일을 돕고 아버지를 기쁘게 하려는 것은 잘한 것이다. 아들이 아버지를 사랑하는 것이야말로 진정 소중한 것이다."

"그런데 왜 형님은 그러지 않는 것이오."

"야고보, 나도 아버지를 사랑하기 때문에 그런 것이란다. 내가 회당에 나와 성경을 보며 탐구하는 것이 곧 아버지를 위한 일이니라."

야고보는 형의 말이 무슨 뜻인지 이해를 못 하고 눈만 껌뻑거렸다.

예수의 혼인

예수의 나이가 16세가 되자 주변에서 예수의 혼인에 대한 말들이 나오기 시작했다.

"이보게 요셉, 큰아들이 장가갈 나이가 되지 않았나? 예수는 언제 장가보낼 건가?"

요셉은 주위 사람들의 말에 심기가 불편해졌다. 요셉이 집에 돌아와서 심각한 표정을 짓자, 마리아가 물었다.

"요셉, 무슨 일 있어요? 왜 표정이 그럽니까?"

"흠... 예수 때문에 말이오...."

"예수요? 예수가 뭐 잘못하기라도 했어요?"

"그게 아니고, 사람들이 예수를 언제 장가보낼 거냐고 하는데, 우리 형편에 아들 장가를 어떻게 보낸단 말이오?"

"그렇죠, 신랑이 돈이 있어야 신부도 데려오는 거니까요."

이스라엘의 전통은 신랑이 신부를 데려오려면 거액의 돈을 신부 측 부모에게 주어야만 했고 신랑이 살 집도 마련해야 했다. 또한 아들의 혼인은 아버지의 몫이었기에 요셉으로서는 부담이 이만저만이 아니었다.

예루살렘에 빌립이라는 사람이 살고 있었다. 그의 집안은 조상 대대로 주위 사람들에게 덕을 베풀고 신앙이 깊어 사람들로부터 칭송이 자자했다. 그에게는 13세 되는 수산나라는 외동딸이 있었다.

어느 날 그의 꿈속에 돌아가신 아버지가 나타나 말했다.

"빌립아. 잘 들어라. 갈릴리 나사렛에 가면 요셉이라는 사람이 살고 있을 것이다. 그의 큰아들 예수와 수산나를 혼인시켜라."

빌립은 지난밤 꿈이 너무도 생생하여 이는 필시 하늘의 뜻임을 느꼈다. 그날 그는 나귀에 짐을 싣고는 종 2명과 함께 갈릴리 나사렛을 향해 출발하였다. 나사렛에 도착한 빌립은 마을에 들어서자, 사람들에게 물어물어 요셉을 찾기 시작했다. 마을 사람 중 하나가 요셉의 집으로 그를 인도하였다.

"요셉, 나와 보게나. 누가 찾아오셨네."

마침 요셉과 마리아가 집에 있어서 손님을 맞이하였다.

빌립은 요셉 부부에게 자기가 여기까지 오게 된 이유를 설명했다. 요셉 부부는 뜻밖의 일에 당황하며 할 말을 잃고 있었다.

빌립이 그들의 난감한 표정을 보더니 안심시키고자 입을 열었다.

"제가 이렇게 불쑥 와서 큰 아드님 혼사를 말씀드리는 것이 무례인 줄 압니다. 허나 저도 하나밖에 없는 소중한 딸을 혼인시키는 것이 무엇보다도 중요하여 이렇게 먼 길을 달려왔으니 이해해 주시기를 바랍니다."

그러자 요셉이 무거운 표정으로 말하였다.

"무슨 말씀인지는 알겠습니다. 허나 이스라엘 예법이 남의 집 처자를 데려오려면 아들의 아버지가 전적으로 나서서 지참금도 마련해야 하고 아들 내외가 살 집도 마련해야 하는데 아직 저희는 준비가 되지 않았습니다."

"요셉 님, 혼인 비용에 대해 걱정은 하지 마십시오. 저희쪽에서 이 혼인에 대한 비용을 부담할 터이니 말입니다. 또한 두 사람이 살 집도 저희가 알아보도록 하겠습니다.”

빌립의 적극적인 태도에 요셉은 자신의 주장을 접고 수긍하는 듯하였다.

“빌립 님, 저희가 시간을 두고 의논해 볼 터이니 그때까지만 기다려 주시기를 바랍니다.”

빌립도 알겠다며 자리에서 일어났다.

“그런데 큰 아드님은 어디 계시나요?”

“예수는 회당에서 지내고 있습니다.”

“그래요? 그렇다면 가는 길에 얼굴을 한번 보고 가야겠군요.”

빌립이 회당 앞에 당도하자 청년 하나가 나오더니 미리 알고 손님을 맞이하듯 인사를 했다.

빌립이 청년에게 물었다.

“혹시 요셉의 아들 예수라는 청년을 아시오?”

“제가 바로 찾고 계신 예수이옵니다.”

예수는 이미 정혼할 여인의 아버지가 올 것임을 신으로부터 들어 알고 있었다.

빌립은 요셉 부부와 나눴던 대화를 예수에게 들려주며 예수에게 물었다.

“예수, 자네의 부모는 처음 치르는 혼사이다 보니 걱정이 많으신가 보네. 그런 걱정은 마시라고 했지만 아무래도 생각이 많으실 것이네."

"네, 아마도 갑작스러운 일이라 놀라셨을 것입니다."

"그런데 부모님과는 다르게 자네는 참으로 침착하구먼. 아직도 한참 어린 나이인데 말이야."

"그렇게 생각해 주신다니 감사합니다."

빌립은 예수를 직접 보고 나니 왜 조상이 꿈에 나타나 이 청년과 딸을 혼인시키라고 했는지 알 것 같았다. 그는 예수의 말씨와 인품이 아주 마음에 들었다.

"예수, 자네의 부모님과는 시간을 두고 의논하기를 바라네. 나는 자네가 올 때까지 기다리고 있겠네."

천상에서는 신과 가브리엘이 이 모든 것을 지켜보고 있었다.

"하나님, 빌립이 진정 믿음이 대단합니다. 그런 아버지의 딸이라면 너무도 훌륭한 예수의 배필이 될 것으로 생각되옵니다."

"그래, 맞다. 빌립의 딸은 훌륭한 예수의 배필이 될 것이다."

신은 아담이 타락으로 인해 그 자리를 잃어버리자 그를 대신할 하늘의 아들을 찾아 나왔다. 아담이 타락하지 않았다면 그는 하늘의 아들, 독생자로 남았을 것이다. 하지만 이제 그 독생자는 예수가 되었다. 하와도 타락으로 하늘의 딸, 독생녀 자리를 잃고 말았기에 신은 하와를 대신할 독생 녀를 찾아야만 했다.

　신은 이번에는 기필코 아담과 하와가 이루지 못했던 이 상을 예수와 수산나를 통해 이루리라 결심했다.

떠나는 예수

예수의 혼인은 천상의 신에게 가장 큰 관심이었다. 그것은 예수 또한 마찬가지였다. 예수는 혼인이야말로 하늘의 뜻을 펼칠 수 있는 절호의 기회라고 생각했다.

"어머니, 우리가 지참금을 들고 갈 형편이 안 되지만 그렇다고 아무 대가 없이 여자를 데려올 수는 없습니다. 정혼식 후에 그 집에 살면서 옛날 야곱이 라헬을 얻기 위해 그랬듯이 일을 하여 지참금을 대신하겠습니다."

"아예 예루살렘으로 가서 살려는 것이냐?"

마리아의 말대로 예수는 예루살렘으로 가서 혼인을 올리고 아예 그곳에 터를 잡으려고 했다. 그렇게 하여 이스라엘 신앙의 중심지인 예루살렘에서 기반을 다진 후에 훗날 메시아를 선포할 계획을 세웠다.

하지만 마리아는 예수를 빨리 혼인시키고 싶은 생각이 없었다. 그것은 예수가 벌어들이는 수입 때문이었다.

예수가 주로 하던 일은 포도주를 가공하는 일이었다. 이스라엘에서 포도주는 일상생활에 없어서는 안 되는 아주 소중한 것이었다. 포도주 원액에 적당량의 물을 타서 더 맛있게 만들거나 꿀을 타서 요리에 사용하는 등 다양한 방법으로 포도주를 사용했다. 예수는 이런 포도주 가공하는 일을 누군가로부터 배웠다. 그는 갈릴리 도시를 다니며 잔칫집이나 부잣집에 포도주를 공급하였다. 그가 만들어 낸 포도주는 그 어느 포도주보다 맛이 좋아 사람들이 많이 찾았고, 예수는 벌어들인 돈으로 어려운 집안을 돕고 있었다.

마리아는 예수에게 의지하고 싶지는 않았다. 하지만 요셉이 얼마 전에 세포리스 재건 공사에 참여하였다가 병을 얻어 자리에 눕고부터는 어쩔 수 없이 예수의 수입에 기댈 수밖에 없었다. 이런 사정이다 보니 마리아는 예수를 가능

한 한 예루살렘으로 보내고 싶지 않았다.

"예수야, 아버지가 병중에 있고 야고보나 요셉은 아직 어려서 돈을 벌 수 없으니, 네가 가족을 위해 당분간만 수고해 주어라. 야고보가 좀 더 커서 일을 하게 되면 그때는 예루살렘으로 가게 해 주마."

하지만 기약도 없이 시간만 흘렀다.

불안해지기 시작한 예수는 다시 마리아에게 요청했다.

"어머니, 혼인식은 나중에 올리더라도 정혼식만이라도 치르고 오는 것은 어떨까요?"

그렇게 예수가 말하자 마리아는 미안한 표정을 지었다.

"예수야, 예법이라는 게 있는데 신랑의 아버지가 없이 정혼식이 되겠느냐? 아버지가 병중이니 몸이 좋아지면 그때 생각해 보자꾸나."

그렇게 차일피일 미뤄지며 2년이 흘러갔다.

한편 수산나의 아버지 빌립은 기다려도 오지 않는 예수에게 전갈을 보냈다.

'예수, 우리는 자네가 오기를 기다리고 있네. 마냥 기다리는 것이 너무 힘들다네. 언제쯤 올지 알려주시게.'

예수는 빌립에게 글을 써서 자신의 상황을 전달했다.

'빌립 님, 죄송합니다. 아버지가 병중에 계시어 제가 예루살렘으로 떠나게 되면 당장 남은 가족들의 생계가 어려

워집니다. 그러니 조금만 더 기다려 주시면 꼭 찾아뵙도록
하겠습니다.'

빌립은 할 수 없이 기다려 보기로 하였다.

예수가 19세가 되었다. 달라진 것은 없었다. 동생들이 하
는 목수 일이란 신참내기나 하는 일이라 품삯은 형편없었
다. 야고보와 동생 요셉이 아무리 노력해도 예수의 수입을
따라잡을 수는 없었다. 그렇다고 형의 기술을 배워서 형처
럼 할 능력도 없었다. 그들은 재능이 없었기에 가르쳐 주어
도 배우지 못했다. 결국 기다리다 못한 예수가 마리아에게
애원했다.

"어머니, 더 이상 기다리다가는 빌립의 딸이 다른 집안으
로 시집갈 것입니다. 제가 예루살렘에 갔다가 오기라도 할
터이니 허락해 주세요."

그러나 마리아는 결단을 내리지 못했다.

마리아는 갈수록 심해져 가는 요셉의 병시중으로 신경이
날카로워진 상태였다. 그러다 보니 사리 판단이 잘되지 않
았다. 그는 의지할 곳이라고는 예수밖에 없다는 생각에 예
수의 말에 과민한 반응을 보였다. 마리아는 '만일 지금 예
수가 훌쩍 떠나고 아예 돌아오지 않으면 어쩌나?' 하는 망
상까지 하게 이르렀다.

그러던 어느 날, 병이 깊어진 요셉은 죽음을 맞이하게 되었다. 집에 모아놓은 돈마저 다 긁어서 장례를 지내자, 마리아의 신경은 더욱더 날카로워졌고 예수를 붙잡고는 보내지 않으려고 하였다.

"예수야, 너는 이 엄마가 가엾지도 않으냐? 남편도 보내고 과부가 된 이 엄마를 생각해서라도 네가 내 곁에 있어주어야 하지 않겠느냐?"

결국 예수의 나이가 20세가 되었을 때, 빌립의 딸과의 혼인은 없었던 일이 되고 말았다. 빌립은 자신의 딸이 17세가 되어 이제는 노처녀 소리를 들을지도 모른다는 걱정이 앞서서 4년을 기다려도 오지 않는 예수를 포기하고 말았다.

예수는 혼인의 실패로 인해 크게 낙심하였다. 자신의 뜻을 펼칠 수 있는 혼인이었는데 이렇게 좌절된 것이 너무도 가슴이 아파 신에게 눈물의 기도를 올렸다. 천상의 신도 예수의 혼인이 무산된 것에 큰 탄식을 하며 애통해하였다.

예수는 이제 더 이상 이 집에 있을 수 없음을 느끼자 짐을 쌌다.

그는 동생 야고보만 조용히 불러서 마지막 인사를 했다.

"야고보, 나는 이제 먼 길을 떠나련다. 어머니를 잘 모시거라."

야고보가 난처한 표정을 지으며 형을 붙잡았다.

"형님, 어딜 가신다는 겁니까?"

"나는 찾아야 할 것들이 있다. 그것을 찾으러 가는 길이다. 그동안 가족의 생계 때문에 그것을 미뤘는데 이제는 더 이상 늦출 수 없다. 너희가 다 컸으니, 가족의 생계는 문제없을 것이다."

그러면서 품 안에 있던 주머니를 하나 꺼내서 야고보에게 주었다.

"이것은 형이 그동안 혼인을 위해 모아 놓은 돈이다. 이제는 필요 없으니 이걸 어머니께 드려라. 이 정도면 한동안 어렵지 않게 살 수 있을 것이다."

그렇게 말을 남기고 그는 먼 길을 떠났다.

그는 그 후로 10년 동안 두 번 다시 나사렛에 돌아오지 않았다.

CHAPTER

2

광야에서 외치는 자

이스라엘에는 베다니라는 이름의 마을이 두 군데 있었는데 하나는 예루살렘 근처에 있었고 하나는 예루살렘에서 멀리 떨어진 요단강 건너편에 있었다. 이 요단강 건너편 베다니에 사가랴의 아들 요한이 집을 나와 장막을 치고는 눌러앉았다. 그는 낙타 털 옷을 입고 허리에는 가죽띠를 둘렀다. 배가 고프면 풀 속의 메뚜기를 잡아먹거나 돌 틈을 뒤져서 꿀을 채취하여 먹었다. 이를 본 사람들이 지나가면서 한마디씩 하였다.

"저 사람이 제사장 사가랴의 아들 요한이라고 하오."

"그런데 왜 저러고 길에서 사는 것이오?"

"어려서부터 하늘의 말을 하고 다니더니 급기야 집을 뛰쳐나와 광야를 돌아다닌다고 하오."

요한은 아침이면 장막을 나와 요단강 강가로 가서 사람들을 향해 외쳤다.

"독사의 자식들아! 누가 너희에게 다가올 하나님의 벌을 피하라 일러 주었느냐? 너희는 회개의 열매를 맺어라. 그렇지 못한 열매는 모두 불에 던져질 것이다.

자, 이제 나의 말을 잘 들어라. 나는 너희에게 물로 회개의 세례를 줄 것이다. 너희는 세례를 받음으로 말미암아 너희가 지은 죄를 용서받을 것이니라."

매일 강가에 나와 외쳐대니 사람들이 하나둘 모이기 시작했다. 그의 말을 듣고 감동한 사람들이 점점 늘어나더니 나중에는 구름 떼처럼 몰려오기 시작했다. 몰려온 사람들이 요단강에 몸을 담그고는 요한으로부터 세례를 받았다. 세례받은 사람 중 많은 사람이 돌아가지 않고 요한을 따라다니며 받들었으며 집에 돌아간 사람 중에 어떤 이들은 "요한이 오신다는 메시아인가 보다."라며 주변에 말하고 다녔다. 나중에는 예루살렘에서 잘나가는 권력자들도 그가 메시아인가 하는 생각을 하며 그를 관심 있게 보게 되었다. 그리하여 사람들이 모이면 죄다 이 사람에 대한 이야기로 꽃을 피웠다.

"요한이 대단한 인물이긴 한 것 같아. 너도나도 요단강으로 가서 세례를 받으려고 한다는데?"

"그러게 말이야. 그가 이스라엘의 큰 인물이 되려는가 보네."

사람들이 세례를 주는 요한이라고 하여 다들 그를 '세례 요한'이라 불렀다.

하지만 모두가 그를 곱게 본 것은 아니었다. 예루살렘 성전에서 제사를 맡고 있던 제사장급의 권력자들은 이런 세례 요한을 곱게 볼 수가 없었다.

"세례 요한이라는 자가 무슨 권능으로 죄를 씻어준다는 말인가?"

제사장 하나가 눈을 치켜뜨고는 못마땅한 표정을 짓자, 다른 제사장이 별거 아니란 듯 애써 미소를 지으며 대답했다.

"그깟 물로 하는 게 뭔 효험이 있겠습니까? 비싼 제물을 못 사는 가난뱅이들만 몰려가겠지요. 하하하."

그러자 또 다른 제사장이 심각한 표정을 지으며 말했다.

"이게 그냥 웃고 넘어갈 일이 아닙니다. 만일 백성이 다 그런 식으로 그자에게 몰려가면 예루살렘 성전 앞에 제물은 누가 바치겠소?"

그제서야 대수롭지 않게 생각했던 제사장들이 겁을 내며 한마디씩 말하였다.

"아, 그렇군요. 백성이 제물을 바쳐야 우리도 먹고 살아가는데 말입니다."

"그렇네요. 이거 그냥 놔두면 안 되겠네요. 그려...."

예루살렘 성전 앞에는 제물에 쓰일 염소, 양, 비둘기 등 짐승들과 각종 물품을 파는 장사치들이 즐비했다. 권력자들은 그들에게 성전 앞에서 장사할 수 있도록 뒤를 봐주고 상당한 이득을 받아 챙겼다. 그들은 그렇게 받은 돈으로 언덕 위에 저택을 짓고는 백성을 내려다보면서 호의호식하며 살고 있었다. 제물이 필요 없는 세례를 베푸는 세례 요한이 권력자들에게 눈엣가시로 보일 수 밖에 없었던 것이다.

또 다른 이유로 세례 요한을 못마땅하게 생각했던 사람이 있었다. 갈릴리 분봉왕 안디바였다. 그는 이복형제의 아내인 헤로디아의 유혹에 넘어가 헤로디아를 차지하고자 본처를 쫓아냈다. 이에 헤로디아 또한 남편과 이혼하였다.

결국 그 둘은 세간의 눈총을 아랑곳하지 않고 재혼했다.

이들의 행위를 알게 된 세례 요한은 분노하며 소리쳤다.

"나라의 권력자라는 자가 어찌하여 이러한 악행을 저지른다는 말이냐. 이는 우리가 생명같이 지켜왔던 율법을 바람에 날리는 풀잎처럼 가볍게 저버린 행위이다. 언제고 안디바와 헤로디아에게 하늘의 징벌이 내릴 것이다."

세례 요한의 저주를 알게 된 헤로디아가 안디바에게 와서는 짜증을 냈다.

"당신은 언제까지 저 세례 요한을 두고만 보고 있을 것이오? 저자가 우리의 허물을 세상에 드러내고 다니는 것을 가만히 놔두지 말고 어떻게든 그를 잡아들여요."

그 말에 안디바가 최측근을 불러서 의논했다.

"저 세례 요한이 군중을 몰고 다니며 우리에게 위협적인 존재가 되고 있다. 그가 더 큰 힘을 갖기 전에 제거해야 할텐데 말이야. 자네는 어떻게 생각하는가?"

"전하, 만일 그를 지금 잡아들인다면 따르던 무리가 반란을 일으킬지도 모릅니다. 그러니 일단 두고 보시면서 때를 기다리시는 것이 좋겠습니다."

그리하여 안디바는 세례 요한의 군중 속에 첩자를 여럿 보냈다. 그들은 세례 요한과 군중의 일거수일투족을 상부에 보고하였다.

세례 요한과 예수

어느 날 세례 요한이 세례를 베풀고 있었을 때였다. 군중 속에서 한 청년이 걸어 나오는데, 세례 요한은 직감적으로 보통 사람이 아니라는 것을 깨달았다. 그런 세례 요한의 눈에 영적인 현상이 보이기 시작했다. 한 줄기 빛이 하늘로부터 내려오더니 그 빛이 비둘기가 날아서 앉듯이 그 청년의 위에 머물렀다.

청년이 다가와 세례를 받으려 하자 세례 요한이 말리며

말했다.

"어찌 하늘이 보내신 자가 저에게 세례를 받으려 하십니까? 제가 오히려 당신에게서 세례를 받는 것이 마땅합니다."

그러자 청년이 말하였다.

"아니요. 지금은 나의 말대로 합시다. 우리가 이와 같이 하여 모든 의를 이루는 것이 옳은 일이요."

세례 요한이 청년의 말을 따라 세례를 베풀었다. 모든 것을 마치고 세례 요한이 청년을 장막 안으로 모시었다.

이날 있었던 일이 금세 소문이 돌았다.

"이보게, 그게 무슨 말인가? 하늘이 보내신 사람이 요한 선생에게 왔다는 말이?"

"아 글쎄. 나사렛에서 어떤 청년이 왔는데, 요한 선생이 보자마자 놀라더니 하늘이 보내신 사람이라고 하며 그 청년 앞에서 쩔쩔매더랍니다."

"그래? 혹시 그 사람이 요한 선생이 전에 항상 말하던 그분 아닌가?"

"누구 말씀인가요?"

"일전에 요한 선생이 말하길 자기는 물로 세례를 주지만, 뒤에 오실 분은 요한 선생보다 훨씬 능력이 많아서 성령과 불로 세례를 줄 거라 했네."

"아하, 그분이요? 그럴지도 모르겠네요."

"그나저나 그 청년의 이름이 뭐라고 하던가?"

"나사렛에서 온 예수라 하더이다."

세례 요한이 이끄는 무리 속에서 예수도 함께 생활했다.

세례 요한의 제자들이 예수가 어떤 인물인지 궁금하여 세례 요한에게 물었다.

"선생님, 나사렛에서 온 저 예수라는 사람이 어떤 사람입니까?"

그러자 세례 요한이 진지한 표정을 지으며 대답했다.

"내가 그에게 세례를 베풀 때 하늘로부터 '이는 내 사랑하는 아들이며, 내가 기뻐하는 아들이다.'라는 소리를 들었다."

세례 요한의 제자들은 스승의 말에 놀라며 깊은 생각에 빠졌다.

'저 말은 예수가 하늘이 보내신다는 메시아라는 말 아닌가?'

세례 요한의 말에 그의 제자 중의 하나인 안드레가 예수를 따르기 시작했다.

"요한 도련님!"

어느 날 세례 요한의 고향집에서 일하는 종 하나가 세례 요한에게 달려왔다.

"아니, 자네가 어인 일이냐? 집에 무슨 일이라도 생겼느냐?"

"지금 사가랴 제사장님께서 위독하여 사경을 헤매고 계십니다. 빨리 가 보셔야겠습니다."

세례 요한은 종이 끌고 온 노새를 타고는 수 시간을 달려서 집에 도착했다.

이미 일가친척들이 다 모여서 사가랴의 임종을 지키고 있었다. 사가랴는 누워서 숨을 거칠게 쉬면서 금세 숨을 거둘 것 같은 순간이었다.

"아버지!"

세례 요한이 달려와 아버지의 곁에 무릎을 꿇었다. 사가랴는 희미하게 눈을 뜨고는 거친 숨을 쉬며 천천히 한마디씩 말을 했다.

"... 요한아...."

"네, 말씀하세요."

세례 요한이 아버지의 입가에 귀를 갖다 댔다. 더는 힘이 없었던 사가랴는 들릴 듯 말 듯 한 희미한 소리로 아들 요한의 귀에 마지막 말을 남겼다.

"예수... 예수...."

그렇게 예수라는 이름을 두 번 부르고는 눈을 감았다. 세례 요한은 순간 너무도 놀라지 않을 수 없었다.

'분명 예수라고 하지 않았던가? 아버지가 예수를 알고 있었던가? 아니면 다른 사람을 말하는 것인가?'

세례 요한은 아버지의 장례를 치르는 동안 아버지의 그 마지막 말이 머리에서 떠나지 않았다. 장례를 다 치르고 난 후 어머니 엘리사벳에게 물었다.

"어머니, 어머니는 예수라는 이름의 사람을 아시나요?"

엘리사벳은 예수라는 말에 깜짝 놀랐지만 이내 표정을 가다듬고는 대답했다.

"예수? 예수라는 이름이 한둘이더냐? 무슨 일 때문에 그러느냐?"

"그게... 아버지께서 임종하시면서 저의 귀에 대고 예수라는 이름을 두 번이나 되뇌셨습니다."

"그... 그래? 나는 예수가 누구인지 잘 모르겠구나."

세례 요한은 흔들리는 엘리사벳의 눈빛을 느낄 수 있었다.

'어머니가 분명 무언가 숨기고 계시는구나.'

엘리사벳은 더 이상 말을 하고 싶지 않아서 일어나 자리를 피해 버렸다.

세례 요한은 은밀히 수소문하여 오래전부터 집에서 일하던 종 하나를 찾아냈다.

"자네가 우리 집에서 오랫동안 일을 해서 많은 것을 알고 있다고 들었네. 나에게 오늘 자세히 알려주면 은 3냥을 줄 것이네."

"아이고 황송하옵니다요. 물어보시는 대로 소상히 답하여 드리겠습니다요."

"혹시 아버지께서 예수라는 이름을 말씀하신 적이 있는가?"

"네, 꽤 오래전이었습니다요. 그때가 유월절 기간이었는데, 사가랴 제사장님께서 예수라는 도련님이 예루살렘 성전에 있으니 모셔 오라고 하신 적이 있습니다요."

"그래? 그런데 왜 모셔 오지 않았나?"

"제가 집을 나서려 할 때 엘리사벳 마님이 보따리를 하나 주시면서 말씀하시길, '그 보따리를 예수의 엄마 마리아에게 갖다주고 예수는 데려오지 말라'고 하셨습니다요. 그런데 막상 성전 앞에 가 보니 예수 도련님만 홀로 있었고 그의 어머니는 이미 나사렛을 향해 떠났다 하였습니다요. 그래서 제가 말을 타고 달려가서 무리 중에 찾아서는 그 보따리를 주고는 돌아왔습니다요."

"그래? 그 보따리가 무엇이었나?"

"사실 제가 처음에는 그 보따리가 무엇인지 몰랐는데, 마리아께서 열어보시니 주화가 잔뜩 있었고 서판 하나가 있었는데 거기에 뭐라 적혀 있었습니다요."

"뭐라고 적혀 있었던가?"

"그게 제가 글을 몰라서 내용은 모르겠는데, 마리아께서 대성통곡을 하시면서 어린 예수를 찾으러 가야 한다고 하신 거 보면 아마도 예수 도련님을 데려가라는 말씀인 것 같았습니다요."

세례 요한은 이 일련의 사건을 들으면서 어찌하여 어머니 엘리사벳은 예수를 집에 들이지 않으려 하였고 왜 지금도 숨기려 하였는지 더욱 궁금해졌다.

"자네는 그 마리아라는 여인이 누구인지 들어보았는가?"

"그 당시 여종들이 말하길 엘리사벳 마님과 마리아 여인과는 사촌지간이라고 했습니다요."

"뭐라? 남이 아닌 친척이었다고?"

"네, 그러하옵니다요. 사실 마리아께서는 요한 도련님이 태어나기 몇 달 전에 이 집에 오셨다가 요한 도련님이 태어나시고 얼마 후에 집으로 돌아가셨다고 합니다요."

"그렇다면 두 분이 아주 가까운 사이였다는 말인가?"

"네, 그런가 봅니다요. 그런데...."

"그런데 또 뭔가? 말하기 곤란한 것이 있나?"

"그것이...."

"대답해 보게. 자네의 안전은 내가 책임질 터이니."

"그것이 말입니다요. 그 당시에 마리아 여인에 대해 좋지 않은 소문이 돌았었나 봅니다요."

"그래? 어떤 소문 말인가?"

"마리아 여인이 이 집에 들어오고 얼마 있지 않아서 임신한 듯이 배가 나와 다들 말이 많았답니다요. 왜냐면 그 마리아 여인이 당시에 정혼 상태였고 남자는 멀리 갈릴리에 있었으니까요. 처녀가 아이를 가졌다는 소문이 퍼졌고, 배 속의 아이가 누구의 아이인지 수군덕거렸다고 합니다요. 그것 때문이었는지 어느 날 보따리 하나 들고는 집을 나갔다고 합니다요. 아마 그때 가진 아이가 그 예수 도련님이었던 것 같습니다요."

세례 요한의 변심

세례 요한은 아버지의 장례를 다 끝내고 베다니로 돌아왔다. 그런데 그는 전과 다르게 무언가를 골똘히 생각하곤 했다. 제자들은 그런 스승을 보고 있노라니 걱정이 되었다.

"요한 선생이 아버지를 보내고 나니 마음이 허전한가 보네."

"그러게 말이야. 먼 산을 바라보며 아무 말이 없는 것이 괴로우신가 보네, 그려."

하지만 세례 요한은 다른 것에 신경을 쓰고 있었다. 그것은 예수를 둘러싼 여러 가지 의문들 때문이었다. 이제 보니 예수는 자기와 친척지간이고, 그의 어머니 마리아가 예수를 가졌을 때 자기 부모의 집에 같이 살았다는 것과 무슨 이유인지 그 사실을 어머니 엘리사벳은 숨기려고 한다는 것이 세례 요한에게 있어서는 의문이었다.

의문이 꼬리에 꼬리를 물면서 그는 점점 예수를 의심하기 시작했다.

'저 예수라는 자가 누구인지 도통 알 수가 없다. 성령이 비둘기처럼 내려서 처음에는 하늘이 보낸 메시아라고 생각했지만, 지금은 그것을 나 자신도 믿을 수가 없구나. 나사렛 같은 촌구석에서 온 저 사람이, 아버지가 누구인지도 모르는 저 사람이, 메시아라고? 음... 도무지 뭐가 뭔지 알 수가 없구나....'

어느 날 세례 요한의 제자들이 얼굴이 울상이 되어 스승에게 보고를 올렸다.

"선생님. 전에 선생께서 증거하시던 이가 세례를 베푸니 사람들이 모두 그에게로 몰려가더이다. 우리 쪽 사람들이 점점 줄어드니 어찌하면 좋겠습니까?"

세례 요한은 침통한 표정을 지으며 한참을 생각하더니

대답했다.

"만일 하늘에서 주시지 않으면 아무것도 받을 수 없느니라. 나는 메시아가 아니요, 그의 앞에 보내심을 받은 사람이라고 하지 않았더냐? 나는 이미 할 일을 하고 기쁨을 느꼈으니 족하다. 그러니 그는 흥하여야 하겠고 나는 쇠하여야 하리라."

그렇게 말하고는 뒤돌아서 장막으로 들어갔다.

가만히 듣고 있던 제자 하나가 궁금한 듯 옆 사람에게 물었다.

"요한 선생이 한 저 말이 무슨 뜻인지 자네는 알겠는가?"

"글쎄, 알쏭달쏭하네. 자기는 메시아가 아니고 예수 선생이 메시아라는 말 같기도 하고 말이야."

"아니, 그러면 왜 메시아인 예수 선생은 흥하고 자기는 쇠한다고 하는가? 예수 선생이 메시아이면 그를 따라가면 될 것이고 그러면 요한 선생도 같이 흥할 것 아닌가?"

"그러게 말일세."

많은 이들이 예수에게 몰려갔고 세례 요한을 따르는 무리는 그의 말대로 점점 쇠하고 있었다. 그런데도 그는 예수와 함께 같은 길을 가려고 하지 않았다.

가브리엘이 걱정스러운 눈빛으로 신에게 물었다.

"하나님, 예수께서 세례 요한에게 같이 의를 이루자고 했지만, 그가 정작 예수를 따르지는 않고 있습니다. 어찌하면 좋겠습니까?"

신은 침통한 목소리로 대답했다.

"음... 요한이 심령이 밝았을 때는 예수를 보고 하늘의 아들임을 증거하더니, 시간이 흐르면서 모든 무리가 예수를 더 사랑하니 질투와 시기의 인간적인 마음이 들어왔구나. 그 어미가 마리아에게 질투와 시기를 갖더니 그 자식도 같은 행위를 하는구나."

한편 사탄은 또다시 기회가 왔음을 느꼈다.

"인간의 욕심이 결국 우리에게는 큰 기회이니라. 지금까지 세례 요한이 갈고 닦은 길에 예수가 숟가락만 얹으면 모두가 메시아로 떠받들 수 있었던 기회 아니더냐? 엘리사벳이 불신하여 마리아를 내쫓더니 결국 그 아들 세례 요한도 불신으로 가는구나."

이에 사탄의 부하 하나가 물었다.

"사탄이시여. 세례 요한에게서 추종자들이 예수에게로 빠져나가서 세례 요한의 세력이 힘을 잃었으니 이때 요한을 친다면 쉽게 그를 제거할 수 있지 않겠습니까?"

"그렇다. 네 말이 옳도다. 지금 세례 요한의 무리가 힘이 빠져 있으니 이때 요한을 친다면 저들이 자멸할 것이다. 그런 후에 예수의 무리도 흔들어서 무너뜨리면 되는 것이다. 하하하!"

사탄은 크게 한번 웃더니 부하들에게 소리쳤다.

"지금이야말로 안디바와 헤로디아를 자극해 세례 요한을 죽음으로 가게 하는 딱 좋은 때이다. 너희는 지금 바로 달려가서 그들의 마음을 자극해라!"

예수가 몇몇 제자들을 이끌고 요단강을 벗어나 유대 지방에 머물고 있을 때였다.

어느 날 새벽 갑자기 예수는 세례 요한의 제자였던 안드레를 불러 명령했다.

"너는 지금 바로 세례 요한에게 달려가서 거기 있으면 위험하니 빨리 나에게 오라 전해라."

이에 그가 급히 달려가서 세례 요한에게 예수의 말을 전달했다. 그러자 세례 요한이 침통한 표정으로 대답했다.

"네가 전에는 나의 제자이더니 이제는 예수의 제자가 되었구나. 네가 이렇게 달려옴은 진정 옛 스승의 안전을 위해서냐? 아니면 네 스승의 명령을 받들기 위함이더냐?"

이에 당황한 안드레가 대답했다.

"어찌 그런 말씀을 하십니까? 저는 요한 선생의 안전을 생각하여 이렇게 달려온 것입니다."

세례 요한은 한참 생각하더니 체념하듯 말했다.

"그래? 허나 미안하구나. 나는 이곳에서 한 발짝도 나가지 않을 것이다. 너의 스승께 그렇게 전해라."

그날 밤이었다. 어두운 밤에 10여 명의 군인이 횃불을 들고는 세례 요한의 장막으로 들이닥쳤다. 그들은 세례 요한의 앞에서 무언가를 꺼내 읽기 시작했다.

"세례 요한은 거짓으로 사람들을 현혹하여 국가를 위협하는 단체를 만들었다. 이에 죄인을 옥에 가두어 재판받게 하라는 갈릴리 분봉왕의 명령이다!"

그렇게 말을 마치더니 세례 요한을 묶어서 끌고 갔다.

모두가 잠든 밤에 기습하여 잡아간 것은 행여 무리가 저항할 것을 대비한 안디바의 계략 때문이었다. 계략대로 세례 요한은 아무 저항도 못 한 채 잡혀갔고 아침이 되어서야 많은 무리가 지난밤에 스승이 끌려간 것을 알게 되었다.

"예수 선생님, 큰일났습니다. 요한 선생이 잡혀갔습니다."

보냈던 안드레가 예수에게 달려와서 보고했다. 예수는 침통한 표정을 짓다가 이내 눈을 지그시 감고는 아무 말이 없었다.

"뭐라고? 우리 요한이 잡혀갔다고? 어디로 잡혀갔다는 말이냐?"

엘리사벳은 아들이 잡혀갔다는 말에 아연실색하였다. 천사가 나타나서 큰일을 할 아이라 하여 그토록 귀하게 키운 아들이었건만, 그 아들이 잡혀갔다는 말에 엘리사벳의 심정은 세상이 무너지는 것 같았다.

"내가 요한을 만나보아야겠다. 나를 요한이 있는 곳으로 데려가 다오."

엘리사벳이 종들에게 애원했지만, 종들은 고개를 절레절레 저었다.

"마님, 아니 되옵니다요. 지금은 철통같이 막아놓아서 아무도 만날 수가 없다고 하옵니다요. 괜히 근처에 갔다가 마님마저 잡힐까 염려되옵니다요. 저희가 사람을 시켜서 방도를 알아보고 있으니 조금만 기다려 보시지요."

종들의 말에 엘리사벳도 어쩔 수 없다는 듯 방으로 들어가서는 주저앉고 말았다.

CHAPTER

3

새로운 출발

"하나님, 세례 요한이 안디바에게 끌려갔습니다. 이제 요한의 사명은 끝인가요?"

가브리엘은 가슴이 터질 것 같은 안타까움을 느끼며 신에게 물었다.

"가브리엘, 요한이 결국 예수의 말을 따르지 않고 스스로 죽음의 길로 갔구나. 그렇다고 여기서 구원 섭리를 끝낼 수는 없는 일이니, 예수가 혼자서라도 이 섭리를 완성해 나갈 수 있는 새출발을 시작해야만 한다."

"새출발을 해야 한다고요?"

"그렇다. 세례 요한이 예수를 따르고 섬겨서 그가 닦아놓은 모든 것을 예수에게 전수했더라면 예수의 길이 평탄하였을 것이었다. 그게 최선의 길이었지만 그것이 실패로 돌아간 지금은 차선을 선택해야 한다. 그것은 이제 예수가 원점에서부터 다시 시작하는 것이다."

"원점이요? 그것이 무엇이옵니까?"

"가브리엘, 모세가 이 민족이 불신하였을 때 40일간 금식하고 새로이 시작했다. 마찬가지로 예수도 그와 같은 길을 가야만 한다."

"하나님, 메시아인 예수가 그런 고통의 길을 가야 한다는 말인가요?"

"할 수 없다. 나도 가슴이 아프지만 이제 예수는 밑바닥에서부터 새롭게 시작해야만 한다."

하루는 예수가 제자들을 불러 모았다.

"너희는 이제부터 잘 들어라. 나는 오늘부터 광야에 들어가서 세례 요한이 그랬듯이 장막을 치고 주야로 정성 들이며 40일간을 금식할 터이다. 그러니 너희도 내가 돌아올 때까지 정성을 들이며 기도하여라."

이렇게 말하고는 광야로 들어가 장막을 치고는 금식을 시작했다.

한편 이 소식이 사탄에게도 전달되었다.

"사탄이시여, 예수가 광야로 나가서 40일 금식을 한다고 합니다."

"음... 그래?"

"사탄이시여, 왜 예수는 40일 금식을 하는 것이옵니까?"

"세례 요한이 불신하여 예수가 밑바닥에서부터 다시 시작하려는 것이다. 40일 금식으로 세례 요한의 자리를 회복하고 다시 새출발하려는 속셈이지."

"사탄이시여, 그렇다면 우리가 그를 막아야 하지 않겠습니까?"

"그렇다. 그가 40일 금식을 못 하게 악의 무리가 훼방을 놓아야 한다. 그런데도 예수가 죽을 각오로 40일간 버틴다면 내가 직접 나서서 그를 간섭할 것이다."

40일이나 금식을 하고 나니 예수의 팔다리는 그야말로 앙상한 나뭇가지처럼 말라 버렸다. 그때 사탄이 나타나서 예수에게 속삭였다.

"예수야. 네가 만일 하늘의 아들이거든 이 돌들로 떡 덩이가 되게 하라."

예수는 굶주림에 뱃가죽이 등에 붙어서 말도 하기 힘든 상태였지만 사탄의 말에 분노를 느끼며 큰 소리로 외쳤다.

"사람이 떡으로만 살 것이 아니요. 하나님의 입으로부터 나오는 모든 말씀으로 살 것이니라!"

이에 사탄이 예수를 번쩍 들어 성전 꼭대기에 세우고 말하였다.

"예수야. 네가 만일 하늘의 아들이거든 뛰어내려 보라. 하나님이 너를 손으로 받들어 발이 돌에 부딪히지 않게 하실 것이로다."

그러자 예수가 눈을 부릅뜨고는 외쳤다.

"주 너의 하나님을 시험하지 말라!"

사탄이 이번에는 예수를 번쩍 들어서 높디높은 산으로 데리고 가서 천하만국과 영광을 보여주며 말하였다.

"만일 내게 엎드려 경배하면 이 모든 것을 네게 주리라."

이에 예수가 눈이 벌게지고 얼굴이 달아오르면서 분노로 가득 찬 음성으로 사탄을 향해 소리 질렀다.

"주 너의 하나님께 경배하고 다만 그를 섬기라 하였거늘, 이 무슨 소리냐! 사탄아, 물러가라!"

이에 사탄이 물러갔다.

가브리엘은 사탄이 물러갔다는 소식을 듣자마자 신에게

달려와 보고했다.

"하나님, 예수가 40일 금식을 마치고 사탄과의 담판에서도 승리하였습니다."

"그래, 예수는 해낼 줄 알았다. 이제 세례 요한이 했던 것처럼 제자들을 모아서 이 민족을 전도하여야 할 것이다. 하지만 항상 사탄이 호시탐탐 노리고 있으니, 천사들은 마음을 놓지 말고 예수를 보호해야 하느니라, 알겠느냐?"

"네, 알겠사옵니다."

12명의 제자

갈릴리 호수는 마치 바다를 보는 듯 그 크기가 커서 주변에는 고기를 잡는 어부들이 많이 살고 있었다.

어느 날 예수 일행이 이 갈릴리 호수를 지날 때였다.

안드레가 예수에게 자신의 형을 소개해 줄 생각으로 입을 열었다.

"선생님, 저의 형이 이곳에서 고기를 잡는 어부이옵니다."

"그래? 그렇다면 내가 너의 형을 보아야겠구나."

안드레의 인도로 얼마쯤 가니 배 한 척이 보였다.

"저 배가 저의 형 시몬의 배이옵니다."

어부들은 이미 밤새 조업하고 돌아와서는 그물을 손질하고 있었다.

마침 안드레의 형 시몬이 동생을 알아보고 달려 나왔다. 안드레가 예수를 소개하자 시몬은 예수에게 인사를 올렸다. 그러자 예수는 시몬을 바라보며 말했다.

"시몬, 내가 배를 구경하고 싶구나."

예수가 배에 올라서 여기저기 들여다보고는 시몬에게 말하였다.

"시몬, 잡은 고기는 다 어디 있느냐?"

"선생님, 밤새워 수고했지만 잡히질 않았습니다."

시몬이 시무룩한 표정으로 말하자 예수가 시몬에게 말했다.

"시몬, 나의 말을 잘 들어라. 어제보다 더 깊은 곳으로 가서 그물을 내려라. 그리하면 많은 고기를 잡을 것이다. 그러니 혼자만 나가지 말고 다른 배의 어부들도 다 같이 불러라."

시몬이 당황하여 아무 말도 못 하고 있었다. 그러자 안드레가 시몬을 데리고 옆 배로 가서는 그 배의 주인인 세베대의 아들 야고보와 그 형제 요한을 불러 모았다. 안드레가 자초지종을 설명하자 형제가 고개를 절레절레 저었다.

"안드레, 밤새도록 고기를 잡으러 나갔어도 한 마리도 못 잡고 들어왔는데 무슨 수로 많은 고기를 잡는다는 말인가?"

"그러게 말이야. 저분이 아무리 똑똑하다 하더라도 고기 잡는 걸 우리보다 잘 알겠는가?"

그러자 안드레가 난처한 표정을 지으며 사정했다.

"형님들, 한 번만 저분의 말을 따라 주세요. 제가 간곡히 요청합니다."

안드레가 애타게 사정하자 다들 마지못해 다시 배를 돌렸다. 배가 깊은 물까지 오자 예수가 그물을 내리라고 시몬에게 지시하였다. 시몬이 그물을 내렸다가 올리니 정말 고기가 너무 많이 잡혔다. 그대로 올리다간 그물이 찢어질 정도였다.

"이보게들, 빨리 와서 나 좀 도와주게!"

시몬이 외치자 다른 배도 옆으로 바짝 대고는 그물을 들어 올렸다. 엄청난 양의 고기떼가 배 위로 올라왔다.

시몬과 세베대의 두 아들은 이 일이 너무 놀라워 다들 예수에게 무릎을 꿇고 엎드렸다.

"저희가 선생님을 몰라뵙고 의심하였나이다. 저희를 용

서하여 주시옵소서.”

그러자 예수가 만면에 미소를 띠며 말하였다.

“그만 일어나거라. 너희가 이제부터 고기를 낚을 것이 아니라 사람을 낚는 어부가 될 것이다.”

그리하여 시몬과 세베대의 두 아들이 예수를 따라나섰다.

시몬은 아주 어린 나이 때부터 일을 시작하여 배운 거라고는 고기 잡는 일밖에 몰랐기에 예의를 잘 알지는 못했다. 그래서 그는 스승에게 하고 싶은 말이 있으면 대뜸 물어보곤 했다. 그런 그를 다른 제자들은 면박을 주곤 했다. 하지만 예수는 꾸밈없고 순박한 그를 어여삐 여겨 곁에 두고 대화하는 것을 즐겼다. 나중에는 다른 제자 중에 가장 신임을 받아 스승으로부터 ‘바위’라는 뜻의 베드로라는 별칭을 하사받았다. 후에 그를 사람들이 베드로라기도 하고 또는 시몬 베드로라 부르기도 했다.

하루는 예수가 베드로를 불렀다.

“시몬, 지금 우리를 따르는 무리가 몇 명이나 되느냐?”

“70여 명 되옵니다.”

그동안 갈릴리 지역을 다니면서 예수의 말씀을 듣고 감복하더니 하던 일을 버리고 예수를 따르는 자들이 남녀 합처 무려 70여 명에 이르렀다. 그들은 같이 먹고 자고 동고 동락하면서 마치 형제자매와 같은 공동체를 이루고 있었다.

"시몬, 앞으로 따르는 무리가 더 늘어날 것이다. 모든 사람을 내가 홀로 상대할 수는 없는 일이니, 대표로 12명을 세워서 조직을 만들 것이다."

예수는 12명을 호명하여 각자에게 역할을 맡게 하였다. 이들의 이름은 베드로, 안드레, 야고보, 요한, 빌립, 바돌로매, 도마, 마태, 알패오의 아들 야고보, 다대오, 시몬, 가룟 유다이었다. 이들을 나중에 12사도라고도 불렀다.

이후부터 예수는 모든 의사결정을 이 12명하고만 의논했다. 이들 중에서도 특별히 3명을 수제자로 세웠는데 그 이름은 베드로, 야고보, 요한이었다. 이들은 예수의 곁에서 좀 더 내밀한 대화를 주고받았다.

귀신 들린 자들과 병든 자들

예수의 일행이 가다라 지방을 지날 때였다. 흉측하게 생긴 사람 둘이 무덤 사이에서 나와서 길을 막고 있었다. 그들의 옷이 다 찢어져 있었고 눈은 뻘겋게 달아올라 있었다.

제자들이 돌아서서 뒷걸음치며 예수에게 말하였다.

"선생님, 귀신 들린 자들 같습니다. 위험하니 다른 길로 가시죠."

하지만 예수가 성큼성큼 앞으로 나가더니 두 사람에게

소리쳤다.

"너희가 내가 누구인지 알 터인데 어찌 길을 막고 있느냐!"

그러자 그들이 무릎을 꿇고는 절규하며 외쳤다.

"하늘의 아들이여, 우리가 무슨 죄를 저질렀으며 당신과 무슨 상관이 있길래 우리를 괴롭게 하려고 여기까지 오셨나이까?"

"네놈들이 아무 값도 없이 사람의 몸을 빌려 살면서 정작 나가라고 하니 괴롭다고 하소연한단 말이냐?"

그들이 더욱더 절규하더니 지나가는 돼지 떼를 가리키며 호소했다.

"하늘의 아들이여, 쫓아내시려면 차라리 우리를 저 돼지 떼에 들여보내 주시오."

이에 예수가 그들에게 "가라!"하고 외쳤다. 그러자 귀신 들렸던 자들이 그 자리에 털썩 주저앉았다. 조금 지나니 제정신이 돌아왔는지 자기 몸을 보면서 어리둥절하였고 돼지 떼들은 귀신이 들렸는지 미쳐 날뛰었다.

그날 다 같이 저녁을 먹을 때 제자 하나가 예수에게 물었다.

"이 나라는 그 어느 때보다 도처에 귀신 들린 자들과 병든 자들이 많은데 왜 그런 것입니까?"

제자의 질문에 다른 제자들도 귀를 쫑긋 세우고 선생의 대답을 기다렸다.

예수가 제자들을 향해 대답했다.

"그것은 지금의 때가 말세이기 때문이다."

"네? 말세이기 때문이라고요?"

"그렇다. 말세란 메시아가 지상에 나타나서 사탄의 때가 끝나고 하나님 나라가 도래하는 때를 말하는 것이다. 이때 에는 저세상의 영들이 구원받고 싶어서 지상에 너도나도 내려와서는 후손에게 올라타는 것이다. 후손이 메시아를 통해 구원받을 때 자기도 같이 구원받으려고 말이다. 후손 에 올라탄 영 중에는 선한 영만 있는 것이 아니라 악한 영 도 있는 것인데 이 악한 영이 후손을 괴롭히는 것이다. 귀 신 들리고 병드는 이유가 다 거기에 있는 것이다."

"선생님, 악한 영들도 구원받을 수 있는 것인가요?"

"햇빛은 선한 자이건 악한 자이건 공평하다. 구원도 그러 하니라."

"선생님, 그런데 왜 악령은 사람의 몸에 들어가 괴롭히는 것이옵니까?"

"천국을 가려면 자기가 올라탄 후손이 메시아를 따르게 해야만 한다. 그런데 지상에서 악인으로 살다 간 영들이 할 줄 아는 게 무엇이겠느냐? 그들이 할 줄 아는 것이란 사람 때리고 괴롭히는 것밖에 없지 않느냐? 그러니 악령은 후손을 괴롭혀서라도 메시아를 만나게 하려는 것이다.

오늘 낮에 본 귀신 들린 자들을 생각해 보아라. 옷이 다 찢어지고 몰골은 흉측하기 그지없었다. 그들은 악령 중에서도 아주 악한 영이 들려서 그런 것이었다. 그런 악령도 구원받겠다고 후손에게 올라탄 것이었다. 그런데 막상 내쫓긴다고 하니 메시아가 왔어도 발악하지 않더냐."

참으로 놀라운 말에 제자들이 입이 떡 벌어지며 한동안 할 말을 잃고 말았다.

세례 요한이 잡혀간 사실이 세상에 알려지기 시작했다.

"세례 요한이 잡혀갔다며?"

"그렇다네. 그런데 한때 세례 요한을 따라다니던 예수라는 자가 다시 무리를 모아서는 세례 요한이 했던 말을 하고 다닌다고 하더구먼."

"그도 '회개하라, 천국이 가까이 왔느니라.'고 하던가?"

"그렇다네. 그런데 한가지 세례 요한과는 다른 점이 있다네."

"그게 무엇인가?"

"그가 귀신 들린 자는 귀신을 내쫓고 병에 걸린 자는 병을 고친다고 하더구먼."

"귀신 들린 자와 병든 자를 고친다고? 그거는 세례 요한도 못 했던 일인데 그가 도대체 어떤 인물이길래 그 같은 일을 한다는 말인가?"

예수는 갈릴리 전역을 두루 다니며 전도 활동을 했다. 귀신 들리고 병든 자들을 고쳐준다는 것이 소문이 난 이후부터는 예수 일행이 마을에 도착하자마자 사람들이 몰려왔다. 제자들은 몰려나온 사람들을 회당으로 인솔하였다.

회당에 사람들이 모이자, 예수의 말씀이 시작되었다.

"여러분은 '네 이웃을 사랑하고 네 원수를 미워하라'는 말씀을 들었으나 나는 여러분에게 이렇게 말하겠소. '너희의 원수를 사랑하며 너희를 박해하는 자를 위하여 기도하라.' 여러분이 자기를 사랑하는 자만 사랑하면 무슨 상이 있겠소? 또 여러분이 자기 형제에게만 문안하면 남보다 더한 것이 무엇이오? 이방인들도 이같이 아니하오? 그러므로 하늘에 계신 아버지의 온전하심과 같이 여러분도 온전하여야 합니다."

지금껏 들어보지 못한 말씀을 사람들이 경청하며 어떤 이는 감명을 받고 눈물을 흘리고 어떤 이는 알쏭달쏭 한다는 듯 고개를 갸우뚱하고 어떤 이는 빨리 자기 병이나 낫게 해달라는 생각에 듣는 둥 마는 둥 했다.

드디어 귀신 들리고 병든 자들을 치유하는 시간이 되었다. 제자들이 아픈 자들을 줄을 세우자, 회당 밖에까지 긴 줄이 늘어섰다. 예수는 그들의 머리에 손을 대고 기도를 올렸다. 그러자 귀신 들려서 미친 소리 하던 사람이 제정신으로 돌아오고, 아프다고 끙끙대던 사람이 멀쩡해진 자기 자신에 놀라며 감격했다.

한편 사탄의 부하들은 예수의 전도 활동을 보면서 우려하기 시작했다.

"사탄이시여, 예수가 갈릴리에서 전도하여 사람들이 구름떼처럼 몰려든다고 하옵니다. 이러다가 이스라엘 민족이 다 그를 메시아로 받아들이는 것은 아닐는지 걱정이 되옵니다."

사탄은 부하의 힘 빠진 소리에 어이없다는 듯이 코웃음을 치며 대답했다.

"잘 들어라. 믿음이란 마치 바위와 같은 것이다. 바위는 단단해서 웬만큼 두드려서는 깨지지 않는다. 하지만 조그마한 균열이라도 있으면 그 틈에다 못을 박아 망치로 두드려보라. 그 단단하던 바위도 두 조각이 나면서 깨지고 마는 것이다. 인간들의 믿음이 이와 같은 것이다. 그들이 지금은 예수의 말을 바위같이 단단하게 믿는 듯이 보여도 어느샌가 조금이라도 의심이 생기게 되면 그것이 큰 균열을 일으켜 여지없이 깨지게 마련이다. 이 민족이 수천 년간 선지자들을 잡아 죽였던 이유가 거기에 있는 것이다. 예수가 아무리 하늘의 아들이라고 해도 인간들의 그 습성은 변하지 않는 것이다. 그러니 우리는 그들의 믿음에 조금이라도 균열이 생기면 그것을 더욱더 흔들어 그 믿음을 두 쪽 나게 만들면 되는 것이다. 알겠느냐?"

예수는 사탄의 계략을 잘 알고 있었다. 인간들의 믿음이 얼마나 약한지도 잘 알고 있었다. 그래서 더욱더 백성의 마음이 견고하고 단단해지길 바랐다. 하지만 말씀만으로는 부족했다. 세례 요한이 십여 년간 쌓아놓았던 기반까지 한꺼번에 빨리 이루기 위해서는 시간이 없었다. 그래서 예수가 택한 것은 귀신 들리고 병든 자들을 고치는 것이었다. 병든 자를 손만 얹어도 낫는다는 소문은 아주 큰 효과를 발휘했다. 새벽부터 사람들이 몰려들었기 때문이었다.

그러나 문제가 없는 것은 아니었다. 몰려온 사람 중에 많은 사람이 말씀보다는 자신의 병을 고치기 위해 온 사람들이었다. 그들은 병을 고치기 위해 왔을 뿐 메시아의 말씀에는 아무 관심이 없었다.

그보다 더 큰 문제는 예수가 행했던 능력을 매도하는 자들이었다.

어느 날 예수가 귀신 들려 눈멀고 말 못 하는 사람을 치료하여 말도 하고 앞도 보게 되었다. 무리가 다 놀라 말하길 "이런 기적을 행하는 것을 보니 틀림없이 이 사람이 다윗의 자손인가 보다!"라고 하자, 이에 성경을 좀 안다고 거들먹거리는 자들이 옆에서 듣고는 말했다.

"이 자가 귀신의 왕 바알세불을 힘입지 않고는 귀신을 쫓아내지 못하니라."

그러자 예수가 개탄하며 말하였다.

"바알세불을 힘입어 귀신을 쫓아내면 그것은 사탄이 사탄을 쫓아냈다는 말인데, 그것이 말이 되느냐?"

예수는 자기들을 치유해 주러 온 사람에게 이렇듯 배신하는 인간들을 보면서 분노하였다.

가나의 혼인 잔치

예수 일행이 갈릴리 도시를 순회하던 중에 집회를 마치고 저녁이 되었다.

제자 하나가 갑자기 장막 안으로 들어왔다.

"선생님, 누가 찾아왔습니다."

"누가 찾아왔느냐?"

"선생님의 어머님과 동생이라고 합니다."

그러자 예수의 표정이 굳어지며 퉁명스럽게 대답했다.

"누가 내 어머니이며 동생이냐?"

스승의 반응에 장막 안에 둘러앉아 있던 제자들이 어리둥절하여 서로의 얼굴만 쳐다보았다.

그러자 예수는 모여 있던 제자들을 향해 말하였다.

"누구든지 하나님의 뜻대로 행하는 자가 내 형제요, 자매요, 어머니이다."

예수는 제자들을 내보내고 찾아온 어머니와 동생을 장막으로 들어오게 했다.

"이게 얼마 만이냐?"

마리아가 10년 만에 만난 예수를 안고 목에 입을 맞추었다.

예수는 10년 동안 하늘의 뜻을 탐구하고 준비하기 위해 이스라엘 전역을 다니며 구도의 생활을 해 왔다. 하지만 결코 나사렛은 두 번 다시 가지 않았다.

마리아는 그동안 예수가 어디서 무엇을 하는지 몰라서 사람들에게 묻곤 하였지만 누구도 알지 못하였다. 그러다가 예수가 사람들을 이끌고 다니며 말씀을 전파한다는 소식을 듣고는 야고보와 동행하여 오게 된 것이었다.

10년의 세월이 흐른 지금 마리아의 얼굴에는 깊은 주름이 파이고 손도 거칠어져 있었다. 예수는 그런 늙은 어머니를 대하니 만감이 교차하였다.

"어머니, 그동안 잘 지내셨습니까? 어찌 이곳까지 오셨습니까? 나사렛에서 여기까지 오시려면 반나절은 걸리셨을 터인데."

"엄마가 아들을 보러 오는데 그쯤이야 대수겠느냐? 네가 갈릴리 전역을 순회하고 다닌다는 소식은 들었다. 네가 나사렛 근처에 오면 한번 들르거라 생각했는데 한 번도 오지 않길래 더 늦기 전에 너를 만나려 오늘 이렇게 왔다."

그렇게 말하고는 눈물을 흘렸다.

"네가 나와 가족을 찾지 않는 것은 어찌 보면 당연한 일이다. 우리 가족이 너를 좀 더 따뜻하게 대해 주었으면 네가 그리하였겠느냐? 미안하구나."

마리아는 더욱더 흐느끼며 눈물을 흘렸다. 그러자 옆에 있던 야고보가 마리아를 달랬다.

"어머니, 그만 하세요. 이렇게 형님을 만나서 좋은 날에 왜 이리 슬피 우시는 거요."

예수도 마음속으로는 눈물이 흘렀지만, 얼굴은 변화 없이 조용했다. 마리아는 예수가 아무 말이 없자 그저 예수의 얼굴만 바라보며 눈물을 닦았다. 그렇게 잠시 시간이 흐르고 야고보가 예수에게 물었다.

"형님, 혹시 다음 주에 시간이 어떠신가요?"

"다음 주? 무슨 일이 있느냐?"

"다름이 아니오라 막내가 가나에서 혼인하는데 형님도 와 주셨으면 해서요."

"그래? 막내가 혼인한다고? 그러면 너와 다른 동생들은 다 혼인했느냐?"

"네, 저희는 다 이미 혼인했습니다."

"그랬구나."

예수는 야고보와 다른 동생들이 혼인하였다는 말에 왠지 기분이 묘했다.

"그래, 다음 주에 시간이 되는대로 들르겠다."

다음 주가 되자 예수는 제자들과 가나에 들렀다.

마리아가 예수를 보자 달려와 안고 입을 맞추었다.

"예수가 왔구나. 이렇게 와 주어서 고맙다."

예수의 동생들도 나와 예수를 끌어안으며 반갑게 맞았다.

예수의 일행은 자리를 잡고 술과 음식을 나누며 혼인 잔치를 즐겼다.

한참을 먹고 마실 때 예수의 어머니 마리아가 난처한 표정을 지으며 예수에게 다가왔다.

"예수야, 어쩜 좋으냐. 사람들이 포도주가 다 떨어졌다고 아우성친다."

그러자 주변의 제자들이 속으로 '포도주 떨어진 것이 아들과 무슨 상관이길래 아들을 보며 말하는 것인가?'하고 의아하게 생각했다.

예수는 마리아가 왜 자기에게 와서 그런 말을 하는지 알고 있었다. 그것은 예수가 예전에 포도주 가공 일을 했던 것을 마리아도 잘 알고 있었기 때문이다. 하지만 예수는 마리아를 쳐다보며 "어머니, 그것이 나와 무슨 상관이 있나이까?"라고 대답했다. 그러면서 마음으로 '동생들은 다 시집 장가가고 나는 여태껏 가정을 이루지도 못하였건만 어머니는 고작 술 떨어진 거나 걱정하는가?'라고 탄식하며 한마디 더 하였다.

"내 때가 아직 이르지 아니하였나이다."

마리아는 예수가 하는 말이 무슨 뜻인지 알고 있었다. 그래서 마리아는 더 이상 아무 말 않고 돌아서려고 하였다. 그런 어머니의 모습이 안쓰러웠는지 예수가 불쾌했던 감정을 추스르고 마리아에게 말했다.

"제가 가서 항아리를 확인해 보겠습니다."

예수가 항아리를 확인해 보니 마침 딱 한 동이가 남아 있었다. 예수가 남은 포도주를 손으로 맛을 보더니 하인들에게 명령했다.

"빈 항아리에 물을 채우는데 내가 채우라는 만큼만 채워

라. 그리고 남아 있는 포도주를 빈 만큼 채워라."

하인들이 시키는 대로 그 자리에서 물과 포도주를 배합했다.

"이제 다 되었으니, 손님들에게 갖다주어라."

손님들이 방금 가져온 포도주를 맛보더니 탄성을 지르며 신랑을 불렀다.

"어딜 가나 좋은 포도주를 내고 취한 후에 덜 좋은 것을 내거늘 그대는 지금까지 좋은 포도주를 두었다가 이제 내놓는 것이오? 하하하!"

세례 요한의 죽음

"안디바, 그자를 잡아다만 놓고 왜 그냥 놔두고 있는 것이에요? 빨리 처형을 하지 않고."

헤로디아의 재촉에 안디바는 눈살을 찌푸리며 대답했다.

"헤로디아, 좀 진정하고 내 말을 들어봐요. 아무리 왕이라도 죄인을 재판도 안 하고 무조건 처형시킬 수 있소? 그리고 저 세례 요한이 보통 사람이요? 비록 잡아 오기는 했으나 아직도 그를 따르는 무리가 상당하고 또 그의 집안도 유대에서 이름있는 명문가인데, 신중할 수밖에 없는 거 아니오?"

안디바의 말에 헤로디아는 화가 치밀어 올랐는지 문을 박차고 나가버렸다.

안디바는 호기심이 강한 사람이었다. 헤로디아에게 신중하자는 말은 핑계일 뿐 사실 그는 세례 요한이 어떤 인물인지 궁금했다. 그래서 그는 세례 요한을 궁으로 불렀다.

"그대는 어떤 인물이기에 하늘의 말을 하고 다니는 것이오?"

듣고 있던 세례 요한이 안디바를 노려보며 말했다.

"그것이 궁금하여 나를 잡아들인 것이요? 내가 궁금하면 나의 말씀을 들으러 올 것이지 나를 잡아 가둬놓고 무엇을 얻으려 함이요?"

안디바는 언제 죽을지도 모르는 죄인이 왕 앞에서 서슴없이 말하는 것을 보고 있노라니 더욱더 흥미를 느꼈다.

"듣던 대로 용기 있는 인물이구려. 그러니 이 민족을 향해 '독사의 자식들아, 회개하라!'면서 외쳐댄 것이겠지. 하하하."

안디바가 주위의 신하들을 보면서 웃자, 신하들도 같이

웃었다.

이날 이후부터 간간이 세례 요한을 불러서는 좌담을 하곤 했다. 그런 시간을 가지면서 안디바는 세례 요한이 국가를 전복하거나 반란을 일으킬만한 인물이 아님을 알게 되었다. 세례 요한에게 흥미를 느낀 그는 세례 요한이 감옥에서 자유로이 면회가 가능하도록 배려해 주었다. 그리하여 제자들이 스승을 면회 오곤 하였다.

어느 날 세례 요한의 어머니 엘리사벳이 감옥을 찾아왔다.

"어머니, 어떻게 알고 여기를 다 찾아오셨나요?"

세례 요한은 놀란 표정으로 어머니를 반겼다.

"네가 무슨 죄가 있다고 이렇게 감옥에 잡아넣었더냐? 이게 다 무슨 일이냐?"

"어머니, 금방 풀려 날 것입니다. 너무 걱정하지 마십시오."

세례 요한은 그간의 이런저런 이야기를 들려주면서 어머니를 안심시키려고 했다. 그러던 중에 전에 종에게서 들었던 예수의 사연이 떠올랐다.

"어머니, 왜 예수와 그의 어머니 마리아에 대한 내용을 저한테 숨기셨나요?"

엘리사벳은 아들의 질문에 체념하듯 지나간 이야기들을 털어놓았다. 마리아가 잉태한 아이가 장차 세상을 구원할 이스라엘 왕이 될 것이며, 자기가 잉태한 요한은 그를 예비할 인물이 된다는 것까지. 그러자 세례 요한은 심각한 표정을 지으며 물었다.

"그것이 사실입니까? 예수가 다윗의 사명을 이어받은 이스라엘의 왕이 되고 제가 그의 길을 예비하는 사명을 타고 났다는 말이...."

"그래, 요한아. 이제 와 내가 무엇을 숨기겠느냐?"

세례 요한은 예수가 메시아임이 사실이고 지금까지 그 메시아를 위해서 자기가 존재했다는 사실을 알게 되었다.

"그런데 어머니, 예수의 생부는 누구입니까?"

엘리사벳은 차마 말하지 못했다.

그러자 세례 요한이 눈을 크게 뜨고 엘리사벳을 다그쳤다.

"어머니, 아버지가 예수의 생부인 것이 맞죠?"

엘리사벳은 눈을 감고 고개를 떨구었다.

세례 요한은 이제야 모든 비밀을 알 것 같았다. 그가 태어나기 전에 어떤 일들이 일어나고 있었으며 아버지가 왜 예수를 찾았는지도. 그것은 예수가 메시아의 사명을 갖고 태어났으며 자신은 그의 앞길을 예비하는 사명을 타고 태어났다는 사실이었다. 또한 그의 아버지가 세상을 떠나면서 예수라는 이름을 두 번이나 되뇐 것은 이 모든 것을 아들에게 깨우쳐 주려 했기 때문이라는 사실도 알게 되었다.

모든 사실을 알았지만 세례 요한은 예수를 마음으로 받아들이지 못했다.

그는 여전히 예수를 의심스럽게 생각했다.

'도대체 예수와 같은 사람이 어떻게 메시아란 말인가?'

하루는 세례 요한의 제자들이 예수에게 와서 물었다.

"예수 선생님, 우리 요한 선생께서 '오실 그이가 당신이오니까? 아니면 우리가 다른 이를 기다리오리까?'하고 물으시더이다."

예수는 아직도 의심하는 세례 요한에 대해 분노하여 큰소리로 그들에게 대답했다.

"너희가 가서 듣고 보는 것을 너희 선생에게 알리거라. 눈먼 사람이 보며, 못 걷는 사람이 걸으며, 죽은 자가 살아나며, 가난한 자에게 말씀이 전파된다고 말이다. 그리고 '누구든지 나에게 의심을 품지 아니하는 자는 복이 있도다.'라고 하거라."

그들이 떠나고 나자, 예수는 침통한 표정으로 제자들 앞에서 요한의 잘못을 지적했다.

"세례 요한이 무엇을 보려고 광야에 나갔더냐? 바람에 흔들리는 갈대를 보러 갔더냐?

성경에 기록된 대로 메시아의 앞길을 예비하리라 하신 것이 세례 요한에 대한 말씀이니라. 그러므로 이 사람이 그 어떤 선지자보다 나은 사람이니라. 허나 그것이 다 무슨 소용이더냐? 내가 진실로 너희에게 말하노니 여자가 낳은 자중에 세례 요한보다 큰이가 없도다. 그러나 천국에서는 극히 작은 자라도 그보다 크니라."

예수는 끝까지 불신으로 가고만 세례 요한에 대한 분한 마음과 원통함으로 괴로워하며 등을 돌려 장막 안으로 들어가 버렸다.

헤로디아는 안디바가 세례 요한을 처형하지 않는 것도 못마땅하지만 그를 간간이 불러서 담소를 나눈다는 것이 더욱 괘씸하게 느껴졌다.

'음... 꼴을 보니 안디바가 저 세례 요한을 스승으로 모실 기세로구먼. 이대로 가만히 볼 수만은 없지.'

헤로디아는 전남편 사이에서 낳은 딸 살로메를 불렀다.

"살로메야, 며칠 후에 궁에서 큰 연회가 열릴 것이다. 너는 그때 내가 시키는 대로 하거라."

"네, 어머니."

헤로디아는 딸과 함께 계략을 꾸몄다.

며칠 후 궁에서 안디바와 수십 명의 왕족들이 모이는 연회가 열렸다. 한참 분위기가 무르익을 무렵이었다.

"여보, 살로메가 당신을 위해 춤을 보여준다고 합니다."

갑작스러운 헤로디아의 말에 취기로 얼굴이 벌건 안디바가 호기심 어린 표정을 지으며 대답했다.

"오, 그래? 어디 살로메의 춤을 봅시다."

살로메가 춤을 추기 위해 등장했다. 살로메의 등장으로 모인 사람들이 다 눈이 휘둥그레졌다. 진한 화장과 속이 훤히 비치는 야한 옷을 입고서는 사람들 앞에 등장했기 때문이다. 악사가 곡을 연주하자 살로메는 온갖 이상야릇한 춤을 추기 시작했다. 모두가 흥미로운 듯이 이 희한한 광경을 바라보고 있었다.

이미 취할 대로 취한 안디바는 정신이 몽롱한 상태였다. 그런데 살로메에게서 풍기는 향이 안디바를 더욱 몽롱하게 만들었다. 살로메가 안디바에게 다가올 때마다 그 향은 그의 코끝을 찔렀다. 마치 살로메는 안디바의 정신을 뺏으려는 듯 그의 앞에서 더욱더 강하게 몸을 흔들었다. 춤이 끝났을 때는 이미 안디바는 제정신이 아니었다. 그는 마치 환각 상태에 빠진 듯 혀 꼬인 말로 살로메에게 물었다.

"살... 살로메야... 참으로 놀라운 춤이로다... 너에게 큰 선물을... 주고자 하니... 무엇이든지 말만 하거라."

살로메는 기다렸다는 듯이 무릎을 꿇고 왕에게 대답했다.

"세례 요한의 머리를 쟁반에 담아 제게 주십시오."

순간, 연회장의 모든 사람들이 할 말을 잃고 한동안 정적이 흘렀다. 안디바는 취한 눈을 크게 뜨려고 미간을 찌푸리며 살로메를 바라보았다.

'내가 지금 무슨 소리를 들은 건가?'

안디바는 살로메의 말을 듣고도 그것이 무슨 소리인지 정신이 왔다 갔다 하여 대답할 수가 없었다. 안디바가 꼬부라진 혀로 떠듬떠듬 묻기 시작했다.

"세... 세례 요한의... 목을... 달라?"

그러자 살로메가 얼굴을 들어 눈을 크게 뜨고 강하게 대답했다.

"네, 그러하옵니다."

그때 또다시 살로메로부터 강한 알 수 없는 향이 안디바의 코끝을 자극했고 그의 정신을 혼미한 상태로 빠져들게 했다. 그는 속으로 이러면 안 된다고 했지만, 주체할 수 없는 강한 힘에 끌려 고개를 위아래로 흔들며 그렇게 하라고 허락했다. 그리고서는 더 이상 몸을 가누지 못하고 그 자리에서 쓰러져 잠이 들어버렸다.

'내가 지난밤 무슨 짓을 한 건가?'

안디바가 자고 일어나니 지난밤의 일들이 하나씩 떠올랐다. 자신이 살로메의 청을 들어주어 세례 요한의 목을 베라 한 것도 기억났다.

그는 머리를 쥐고는 괴로운 표정을 지었다.

'헤로디아가 살로메를 시켜 나의 정신을 혼미하게 하고는 세례 요한을 죽이게 하였구나.'

이 모든 것이 헤로디아의 계략임을 깨달았지만 이미 모든 것은 끝나버렸다.

세례 요한의 죽음은 삽시간에 세상에 알려졌다. 그의 어머니 엘리사벳은 소식을 듣자 그 자리에 쓰러졌다.

예수는 세례 요한의 제자들로부터 소식을 듣자 침통한 표정을 짓고는 혼자 조용한 곳으로 갔다.

바리새인과 사두개인

이스라엘은 제사장으로부터 꽤 많은 사람에 이르기까지 바리새파라는 분파에 속해 있었는데 이들을 바리새인이라고 불렀다. 이들은 율법의 뜻보다는 문자 하나하나에만 매달렸다. 그래서 그들은 예수가 하는 말이 율법에 위배되는지 안 되는지만 따졌다.

이스라엘에는 바리새파 외에 또 다른 분파인 사두개파라는 분파가 있었다.

어느 날 바리새인들이 모여서 사두개파에 대해 대화하고 있었다.

"이보게, 사두개파 교리는 대체 우리와 무엇이 다른 것인가?"

"그걸 여태 모른단 말인가? 잘 들어보시게. 사두개파는 천사도 믿지 않고, 영도 없다고 한다네. 또한 부활도 믿지 않는다네."

"그게 사실인가? 이제 보니 사두개파 사람들은 제정신이 아니구먼."

그때 비싼 옷을 차려입은 사람 하나가 지나가다 그 소리를 들었는지 갑자기 멈춰서서는 대뜸 소리를 질렀다.

"야, 이 무식한 인간들아! 너희가 성경을 얼마나 안다고 그렇게 말하느냐? 너희가 천사를 봤느냐? 영을 봤느냐? 보지도 못한 것들이 뭘 안다고 사두개파를 험담하느냐?"

그렇게 바리새파 사람들에게 고래고래 소리를 지르고는 갈 길을 가버렸다. 모여 있던 사람들이 그의 기세에 눌려 아무 대답도 못 하고 있었다. 이에 영문을 알 수 없던 한 사람이 다른 사람에게 물었다.

"아니, 저자가 누구인데 우리에게 소리를 지르고 가는가?"

"몰랐나? 저 사람이 예루살렘 공의회의 판관이잖나."

"그래? 그런 사람이 왜 저렇게 사두개파를 두둔하는가?"

"지금 이스라엘의 판관과 세도가들이 죄다 사두개파 사람들이라네. 저자도 사두개파인이니 저리 화를 내고 가는 것이겠지."

사두개파는 바리새파보다는 많지 않았지만, 이스라엘의 최고 사법기구인 일명 산헤드린이라는 공의회의 요직을 차지하며 정치, 경제, 종교에 큰 영향력을 행사했다. 이들을 사람들은 사두개인이라고 불렀다. 바리새파와 사두개파는 교리가 극명하게 달라서 서로가 가까워질 수 없었다. 교리를 놓고 으르렁대며 싸우기 일쑤였다. 그런 사람들이 예수에 대해서는 마음이 일치되어 예수를 어떻게 제거할까를 의논하곤 했다.

하루는 바리새인과 사두개인들이 예수를 찾아왔다.

"선생님, 선생께서 하늘로부터 듣고 말씀을 전하신다고 하니, 하늘에서 오는 증거를 보여주시면 우리가 믿겠습니다."

이들이 예수를 두고 시험하고자 작당하여 이런 질문을 던지고는 예수가 어떤 대답을 할까 빤히 쳐다보고 있었다. 이에 예수가 화가 치밀어 오르는 것을 참으며 대답했다.

"너희는 저녁때에 하늘이 붉으면 날이 좋겠다 하고, 아침에 하늘이 붉고 흐리면 오늘은 날이 궂겠다 한다. 그렇게 천기는 분별할 줄 알면서 시대의 징조는 분별할 줄 모른다는 말인가?"

질문한 바리새인과 사두개인들이 점점 얼굴이 붉어지기 시작했다. 예수는 계속해서 대답을 이어갔다.

"악하고 음란한 세대가 기적을 구하나 요나의 기적밖에는 보여 줄 기적이 없느니라."

예수가 그렇게 단호하게 말하고는 돌아서 가버리자, 바리새인과 사두개인들은 그 자리에서 붉으락푸르락한 표정으로 예수의 말을 저마다 해석하기 바빴다.

예수가 그 자리를 떠나서 얼마 정도 갔을 때 제자들을 향해 말했다.

"바리새인과 사두개인들의 누룩을 주의하라."

그때 마침 제자들이 떡을 잊고 온 것을 알고는 의논하고 있었을 때였다.

"선생님, 저희가 서두르느라 떡과 누룩을 가져오지 못했습니다."

이에 예수는 화를 내며 책망했다.

"어찌 내가 말한 것이 먹는 떡에 관한 것이라고만 생각하느냐? 오직 바리새인과 사두개인들의 누룩을 주의하라!"

그제야 제자들이 떡의 누룩이 아니라 바리새인과 사두개

인들의 잘못된 가르침을 주의하라는 스승의 말을 이해했다.

　이렇듯 이스라엘의 지배층이 간악한 마음으로 예수를 어떻게 궁지에 몰아넣을까 궁리하였기에 예수는 그들의 행태를 몹시 혐오하였다.

막달라 마리아

로마인들은 소금에 오랫동안 절인 생선을 즐겨 먹었다.
로마인들의 이런 취향은 갈릴리 호수 주변의 도시들을 부
유하게 만들었다. 그중 막달라라는 이름의 도시가 있었다.
이곳에는 갈릴리 호수에서 잡아들인 생선을 저장하는 거
대한 창고가 즐비하였다. 이런 창고를 몇 개씩 갖고서 떼돈
을 번 사람들이 늘어났다. 그중에 하난이라는 사람이 있었
다. 그는 막달라에서 모르는 이가 없을 정도로 부자였다.

이렇게 큰 부자인 그에게도 남모를 고민이 하나 있었다. 그것은 30세가 다 되도록 자식이 없다는 것이었다. 그는 수년간 아이를 갖게 해달라고 예루살렘 성전에도 많은 헌금을 바쳤다.

　어느 날 그의 아내 요안나가 침통한 표정으로 하난에게 말했다.

　"하난, 이제 더 이상 헛된 꿈을 꾸지 마시고 그만 포기하세요. 하나님이 우리에게 아이를 주시지 않으려고 하는 것 같습니다."

　"요안나, 그게 무슨 말이오? 우리에게 아이가 없다 하여 내가 어떻게 그럴 수 있소? 요안나, 우리 조금만 더 노력해 봅시다."

　그들의 기도가 하늘에 닿았는지 얼마 후에 요안나는 임신하였고 이쁜 딸을 낳았다.

　"요안나, 하늘이 이토록 이쁜 딸을 주려고 우리가 그리도 고생했나 보오."

　하난은 기쁨에 눈물을 흘렸고 아이를 안고는 덩실덩실 춤을 추었다. 하난 부부는 딸의 이름을 마리아라고 정했다.

　어느덧 세월이 지나 마리아가 13세가 되었다.

　"요안나, 벌써 마리아가 시집을 갈 나이가 되었소."

　"그렇군요. 아직도 한참 어리게만 보이는데 말이에요."

하난 부부는 귀한 딸을 시집보내기 위해 준비를 하고 있었다. 하지만 몸이 약했던 요안나가 갑자기 세상을 뜨고 말았다. 갑작스러운 아내의 죽음에 하난은 어쩔 줄 모르고 혼비백산하였다. 하난은 아내의 죽음에 너무도 괴로운 나머지 상실과 번뇌로 살아갔다. 하루하루를 술로 보내던 어느 날 그마저도 쓰러지고 말았다.

"아버지, 아버지마저 잃게 되면 저는 어찌 살라고 그러십니까? 제발 건강을 회복하여 저와 함께 다시 행복하게 살아요, 아버지."

마리아는 그렇게 아버지를 부둥켜안고 눈물로 호소했다. 하지만 하난은 이미 자기 삶이 얼마 남지 않았음을 알고 있었다.

"마리아, 미안하다. 내가 너를 시집보내고 눈을 감아야 하는데, 내가 가고 나면 누가 너를 지켜줄꼬...."

결국 마리아를 남겨두고 하난은 세상을 떠났다. 마리아의 나이 16세였다.

"불쌍한 마리아 어쩌면 좋아."

"그러게 말이야, 부모를 다 잃고 어찌 홀로 살아간단 말인가."

주변 사람 모두가 마리아의 불행을 안타까워했다. 하지

만 하난의 동생 유다는 하난이 남긴 재산에만 눈독을 들이고 있었다.

"마리아, 네가 아직 나이가 어리니 삼촌인 내가 너를 책임져야 하지 않겠니?"

유다가 조카인 마리아를 찾아와서는 살살 꼬드기기 시작했다. 하지만 마리아는 이미 삼촌의 의중을 꿰뚫어 봤다.

"삼촌, 뜻은 고마우나 저도 이제 성인입니다. 제가 알아서 살아갈 테니 삼촌은 걱정하지 마세요."

"그래도 이스라엘의 예법이라는 게 있지 않느냐. 부모가 가고 나면 그의 형제가 조카들 혼인까지 책임져야 하는 것이 우리의 예법이 아니더냐?"

"삼촌, 저는 이미 혼자 살기로 마음먹었습니다. 저는 혼인 생각이 전혀 없으니, 저에게 더 이상 아무 말씀 하지 말아 주세요."

마리아의 단호함에 유다는 더 이상 말을 못 하고 돌아서야 했다. 그는 조카의 당돌함에 분한 마음이 들었는지 씩씩거리며 집 안으로 들어왔다.

그의 아내가 뭔 일인가 싶어 눈을 크게 뜨고는 물었다.

"여보, 마리아를 만나고 온다더니 왜 이리 화가 났어요?"

"아니, 글쎄 고것이 눈을 치켜뜨고는 삼촌 필요 없으니 이 집에서 나가요! 그러잖아."

"뭐요? 마리아가 그랬다고요? 아니, 그 애가 아버지마저 가더니 실성했나?"

두 부부가 밤새도록 마리아를 험담하더니 화가 안 풀렸는지 다음날 동네방네 마리아가 미쳤다고 소문을 내고 다녔다. 그로 인해 하루가 지나자 여기저기서 마리아가 미쳤다고 수군거리기 시작했다.

"뭐라고? 마리아가 아버지마저 가고 나더니 미쳐서 이상한 소리를 한다고?"

"아, 그렇다네. 불쌍한 마리아를 어쩌면 좋아. 실성하여 이제는 일곱 귀신이 들렸다고 한다네."

어느새 마리아는 일곱 귀신 들린 여인네가 되어 있었다.

여종이 울상을 지으며 마리아에게 다가와 푸념을 늘어놓았다.

"아가씨, 아무렇지도 않은 사람을 미친 사람으로 만드는 것은 무슨 경우인가요? 사람들이 정말 못됐어요."

"그러게 말이다. 이제는 사람들 시선 때문에 밖에도 못 나가고 방구석에 처박혀 살다가 진짜 미치는 거 아닌지 모르겠구나."

마리아가 실의에 빠진 채 하루하루를 살아가던 어느 날이었다.

"아가씨, 갈릴리의 예언자라는 사람이 막달라에 왔다고 합니다. 다들 그를 보러 간다고 합니다."

여종의 말에 호기심이 생겼지만 이내 머리를 숙이고는 깊은 한숨을 내쉬었다.

"그곳에 가면 온 동네 사람들이 다 몰려나올 텐데 어찌 간다는 말이냐?"

"무얼 걱정합니까? 여인네야 이렇게 뒤집어쓰고 눈만 내밀면 되지요."

여종의 말대로 천으로 얼굴을 뒤집어쓰니 누군지 알아볼 수 없었다.

그렇게 둘은 사람들이 많이 모인 회당으로 달려나갔다. 그곳에는 젊고 잘생긴 청년이 사람들을 모아놓고는 설교하고 있었다. 마리아가 사람들 사이를 비집고 좀 더 가까이 가서 그 청년의 얼굴을 쳐다보았다.

'어쩜 저리도 멋있을까?'

마리아는 청년의 모습에 흠뻑 빠져 시간 가는 줄 몰랐다.

설교가 끝나자, 병자들을 치유해 주는 시간이 되었다.

"자, 줄을 서시오, 줄을."

제자들이 병자들을 줄을 세웠다. 이때 마리아가 병자들이 줄 서 있는 곳으로 성큼성큼 가기 시작했다.

놀란 여종이 다가와 마리아의 귀에 대고 속삭였다.

"아가씨, 갑자기 어딜 가시게요?"

"나도 병을 고치고 싶어서 그런다."

"무슨 병이요? 아가씨가 무슨 병이 있다고."

"일곱 귀신 들린 병 말이다."

"네?"

순간 여종이 어안이 벙벙하여 아무 말도 못 하고 서 있었다.

여종이 다시 달려와 말렸지만 끝내 마리아는 병자들과 함께 줄을 섰다.

드디어 예수가 마리아에게 다가왔다.

"소녀여, 어디가 아파서 이렇게 왔는가?"

마리아는 예수의 음성을 듣고 있노라니 너무도 가슴이 벅차서 입을 열지 못했다. 넋을 놓고 바라만 보고 있자 옆에 있던 제자 하나가 책망하였다.

"이보시오. 다른 사람들 기다리는 거 안 보이시오? 빨리 대답하시오."

그러자 정신이 돌아온 마리아가 당황하며 대답했다.

"저... 일곱 귀신이 들렸습니다."

그 말이 떨어지자, 예수의 옆에 서 있던 제자들이 순간 뒷걸음쳤다.

예수는 아무렇지 않다는 듯 마리아의 머리 위에 손을 얹었다. 그는 잠시 눈을 감고 기도하더니 이내 마리아에게 미소를 지어 보였다.

"소녀여, 하나님의 권능으로 일곱 귀신이 물러갔으니 이제 일어나서 돌아가라."

집으로 돌아온 마리아는 낮에 만났던 그 젊은 예언자의 얼굴이 계속 떠올랐다.

'내가 왜 이러는 거지? 그분의 얼굴을 잊을 수가 없구나.'

마리아는 예수의 얼굴을 생각만 하면 가슴이 뛰고 숨이 막힐 지경이었다.

도저히 참을 수 없었기에 예수의 일행이 묵고 있는 처소를 찾아가기로 마음먹었다.

"아가씨, 이 시간에 어딜 간다는 거예요?"

"그분을 만나서 할 얘기가 있다. 그러니 너는 아무 말 말고 길을 앞장서라."

그렇게 저녁이 다 돼가는 시간에 둘이 예수의 처소에 도착했다.

"선생님, 낮에 일곱 귀신 들렸다는 여인네가 찾아왔습니다."

제자 하나가 예수가 있는 방으로 마리아를 인도했다.

"소녀여, 어인 일로 이곳까지 왔는가? 아직도 귀신 때문에 아픈가?"

"아니옵니다. 저는 사실 귀신 들리지 않았습니다. 선생님
은 어찌하여 귀신 들리지 않은 저를 치유했다고 하셨습니
까?"

"소녀여, 너의 이름이 무엇이냐?"

"마리아입니다."

"마리아, 너의 말이 맞다. 너는 귀신 들리지 않았다. 그것
을 내가 왜 모르겠는가? 너의 조상은 선한 사람들이었다.
그런 사람에게 귀신이 들릴 수 없다."

"그런데, 어찌하여 병을 고쳤다 하셨는가요?"

"마리아, 네가 나에게 병을 고쳐 달라고 했을 때 너의 사
정이 있음을 알고 있었다. 그래서 나도 너에게 그렇게 대답
한 것이다."

마리아는 초롱초롱한 눈빛으로 예수를 쳐다보며 그의 대
답에 깊은 매력을 느꼈다.

"선생님, 말씀이 맞습니다. 저에게는 말 못 할 사정이 있
었습니다. 그런데 아직 잘 모르겠습니다. 선생님이 진짜 어
떤 분이신지."

"마리아, 나는 너를 처음 보았을 때 너를 무척 사랑하는
너의 아버지와 어머니를 보았다."

예수의 말이 떨어지기가 무섭게 마리아의 눈에서 왈칵

눈물이 쏟아져 나왔다.

"선생님, 선생님은 다 보이십니까?"

"그래, 너의 부모가 너를 너무 사랑하여 지금도 네 곁을 떠나지 못하고 있구나. 이제는 네가 너의 부모를 보내드려라."

마리아는 쏟아지는 눈물을 주체할 길이 없어 얼굴을 감싸고는 간신히 물었다.

"어... 어떻게 해야 부모님을 보낼 수 있나요?"

"마리아, 더 이상 부모의 죽음에 대해 죄책감을 느끼지 말고 너의 길을 가라. 그리하면 너의 부모도 너를 잊고 떠나갈 것이다."

다음날 마리아는 여종에게 예수와 나눴던 대화를 이야기해 주었다.

"아가씨, 정말이에요? 그분이 그렇게 신통하신 분이셨어요? 하긴 귀신 들린 자, 병든 자들을 손만 대면 낫게 한다고 하셨으니 그 정도쯤은 쉽겠죠. 그래서 아가씨는 어떻게 하실 건데요?"

"그분의 말씀대로 나의 길을 가려고 한다."

"네? 어디로 간다는 말이에요?"

"지금까지 살면서 나의 맘을 그토록 깊이 알아준 사람은 그분밖에 없다. 내 비록 여자의 몸이지만 그분을 따라가서 제자가 되려고 한다."

"네? 그게 무슨...."

"그러니 옷가지하고 패물 몇 가지를 싸서 떠날 채비를 하자."

"아가씨, 그러면 이 집은 어떻게 하시고요?"

"그런 걱정은 안 해도 된다. 집안 관리는 집사와 다른 종들이 하던 대로 하면 되고 남들에게는 멀리 친척 집에 얼마간 갔다 온다고 말하면 되느니라."

그리하여 막달라 마리아는 예수의 일행에 합류하였다.

니고데모와 아리마대 요셉

　예루살렘에서 서북쪽으로 8시간을 걸어가면 아리마대라
는 곳이 있었다. 이곳에는 요셉이라는 사람이 살고 있었다.
요셉이라는 이름이 흔하지만 아리마대 요셉이라고 하면
모르는 이가 없을 정도로 소문난 부자였다. 부자이기도 하
였지만 지역의 유명 인사였기에 산헤드린 공의회의 70인
의원 중의 하나이기도 했다.

　그에게는 동료 의원인 니고데모라는 친구가 있었다.

어느 날 니고데모가 찾아와서는 대뜸 아리마대 요셉에게 물었다.

"요셉, 자네는 갈릴리 예수를 아는가?"

"예수? 자신이 하늘의 아들이라며 사람들을 몰고 다닌다는 그 사람 말인가?"

"그렇네, 나는 그를 만나서 직접 말씀을 들은 적이 있네."

"아니, 자네 그러다가 봉변을 당할지 모르네. 여기 산헤드린 사람들이 얼마나 완고하고 무서운 줄 모르는가?"

"그래서 남들 모르게 만났다네. 너무 걱정하지 말게나."

아리마대 요셉은 니고데모가 걱정되기도 했지만 한편 예수라는 사람이 어떤 인물인지 궁금하기도 했다.

"니고데모, 그를 만나보니 어떻던가? 진짜 하늘의 아들 같던가?"

"아직은 잘 모르겠네만, 그는 확실히 우리와 다른 사람임은 틀림없네."

"어떤 면에서 그런가?"

"그는 입은 옷은 허름하였지만, 용모와 몸가짐이 기품이 있었고, 입에서 나오는 말 한마디 한마디는 사람의 마음을 흔들었네. 그의 말을 듣다 보면 정녕 이 사람이 하늘의 아들인가 하는 생각을 하게 된다네."

니고데모의 고백에 아리마대 요셉은 충격을 받았다. 하

늘의 아들이란 결국 메시아란 말 아닌가? 그에게 평생소원은 메시아를 당대에 만나 영접하는 것이었다. 만일 예수가 메시아라고 한다면 지금 이때야말로 메시아를 맞이할 수 있는 절호의 순간이 아닐 수 없는 것이었다.

"니고데모, 예수를 만나려면 어디로 가야 하는가? 나도 가서 그를 보고 싶네."

니고데모는 아리마대 요셉의 요청을 흔쾌히 받아들였다. 그들은 예수가 전국을 순회하다가 종종 유대 땅에 머무르게 되면 은밀히 찾아가 예수의 말씀을 듣고 오고는 하였다. 그들은 예수의 말씀에 감복하여 결국 제자가 되었다.

하루는 니고데모가 아리마대 요셉에게 와서 말하였다.

"요셉, 선생께서 오늘 유대 땅에 오셨다고 하니 오늘 밤에 찾아뵈러 가세."

예수는 그들을 반갑게 맞이해 주었다. 그들은 선생의 환대에 감사하면서도 미안함에 몸 둘 바를 몰랐다.

"선생님, 저희가 아직 부족하여 떳떳하게 다니지 못하고 이렇게 밤에 찾아왔나이다. 부디 저희를 용서하소서."

"아니다. 너희가 바리새인이면서도 그들의 완악함을 이기고 이렇게 나를 보러 오니 내 마음이 기쁘다. 아마도 하늘에 계신 아버지께서도 너희의 마음을 아시고 기뻐하실 것이다."

그러자 니고데모가 감사한 마음을 담아 대답했다.

"선생님, 우리가 선생님이 하나님에게서 오신 분인 줄 아나이다."

옆에 있던 아리마대 요셉도 미소 지으며 거들었다.

"그렇습니다. 하나님이 함께하시지 아니하시면 선생께서 행하시는 이 기적을 아무도 할 수 없을 것입니다."

그러자 예수가 그들에게 대답했다.

"내가 행한 기적이 중요한 것이 아니요, 진실로 너희에게 이르노니 사람이 거듭나지 아니하면 하나님의 나라를 볼 수 없느니라."

니고데모와 아리마대 요셉이 서로의 얼굴을 쳐다보며 무슨 의미인지 모르겠다는 표정을 지었다.

"선생님, 사람이 늙으면 어떻게 다시 태어날 수 있사옵니까?"

니고데모가 묻자, 예수가 대답하였다.

"사람이 물과 성령으로 거듭나지 아니하면 하나님의 나라에 들어갈 수 없느니라."

니고데모와 아리마대 요셉이 평생 처음 듣는 말씀에 어안이 벙벙하여서 할 말을 못 하고 있었다.

이에 예수는 제자들이 답답했는지 책망했다.

"너희는 이스라엘의 선생이라는 사람들이 어찌 이러한 말을 알지 못하느냐."

그러자 제자들은 고개를 숙이고는 침통한 표정을 지었다. 예수는 그들의 표정을 보더니 미소를 지으며 말하였다.

"너무 상심하지 마라. 내가 너희에게 성령으로 거듭난 사람만이 알 수 있는 하늘의 비밀을 알려주겠노라."

"선생님, 그것이 무엇이옵니까? 궁금하옵니다."

그러자 예수는 다시 미소를 지으며 대답했다.

"하나님이 세상을 이처럼 사랑하사 독생자를 주셨으니 이는 그를 믿는 자마다 멸망하지 않고 영생을 얻게 하려 하심이라. 하나님이 그 아들을 보내신 것은 세상을 심판하려 하심이 아니요, 그로 말미암아 세상이 구원받게 하려 하심이라."

가룟 유다의 변심

어느 날 베드로가 예수에게 와서는 물었다.

"선생님, 따르는 무리가 많아서 점점 규모가 커지고 있습니다. 들어오는 돈과 나가는 돈이 많아서 관리해야 하는데 누굴 시킬까요?"

"가룟 유다가 셈이 빠르니 그에게 돈 관리를 맡기면 잘할 것이다."

예수의 말대로 제자 가운데 가룟 유다가 계산이 빨라 돈

관리를 전적으로 담당하게 되었다.

규모가 커지자 돈 관리뿐 아니라 음식을 장만하기 위해 여인네들도 분주하게 움직여야 했다. 막달라 마리아는 여인네들을 이끌고 시장에 가서 음식 재료를 사 오는 일을 맡았다.

"유다, 지금 음식 재료가 다 떨어졌습니다. 장을 보러 갔다 오겠습니다."

막달라 마리아의 말에 가룟 유다가 돈 궤를 열어젖혔다. 그런데, 안에 동전 서너 개밖에 없었다. 유다는 놀라며 당황한 표정을 지었다.

"아니, 돈이 왜 이것밖에 없지? 분명 충분히 있다고 생각했는데...."

막달라 마리아가 가룟 유다의 얼굴을 보며 물었다.

"돈이 없나요? 혹시 어제 다른 지출이 있었던 거 아닌가요?"

유다가 곰곰이 생각해 보더니 무릎을 치면서 대답했다.

"아, 그렇구나. 어제 급히 누가 달라고 하여 주었는데 그걸 깜빡했구나. 원숭이도 나무에서 떨어질 때가 있다더니, 내가 이런 실수를 할 줄이야."

"뭘 그걸로 그러세요. 사람이 완벽할 수 있나요?"

"그런데, 어쩌면 좋으냐? 오늘은 돈이 이것밖에 없으니

....”

"걱정하지 마세요. 제가 알아서 할게요."

그렇게 말하고는 바로 돌아서려 했다. 그러자 가룟 유다가 막달라 마리아의 손을 잡으며 말했다.

"마리아, 이거라도 가져가라. 네가 무슨 돈이 있다고 그러냐?"

남아 있던 동전을 박박 긁어서 손에 쥐어주자 마리아는 뿌리치며 대답했다.

"유다, 이 돈은 그냥 돈궤에 넣어두세요. 제가 알아서 장을 볼 테니 염려 마시고 하시던 일을 하세요."

마리아는 자기가 갖고 있던 돈으로 그날 장을 봐서 음식을 장만했다.

며칠 후 가룟 유다가 막달라 마리아에게 다가왔다.

"마리아, 전에는 고마웠다. 내가 하마터면 선생께 책망을 듣고 다른 사람들로부터는 조롱을 받았을지도 모를 일이었는데, 네 덕분에 아무 일 없이 잘 넘어갔구나."

"괜찮습니다. 제가 특별히 큰일을 한 것도 아니니 너무 유념하지 마세요."

그러자 가룟 유다가 소매에서 무언가를 꺼내서 막달라 마리아에게 주려 했다.

"마리아, 이것은 전에 장을 봤던 것을 계산하여 가져온 돈이다."

"아, 아닙니다. 저도 그 정도 돈은 충분히 있습니다. 제가 가진 여윳돈으로 한 것이니 헌금한 것으로 해 주시기를 바랍니다."

그렇게 말하고는 자리를 떠났다.

가룟 유다는 막달라 마리아의 그런 행동을 보면서 관심을 갖기 시작했다.

'저 여인네가 어떤 사람이기에 저리도 마음 씀씀이가 큰 것인가? 필시 평범한 집안의 처자는 아닌 것 같구나.'

그때부터 가룟 유다가 막달라 마리아를 유심히 지켜봤다. 나중에 그는 막달라 마리아가 부잣집 외동딸이라는 사실을 알게 되었다.

'흠... 저렇게 귀한 여인네가 어이하다 이렇게 힘든 곳까지 왔단 말인가?'

가룟 유다는 막달라 마리아가 부유한 집안의 딸이면서도 헌신적인 모습까지 보이자 급격한 호감을 느꼈다. 가룟 유다의 마음속에서는 어느새 그녀를 향한 애틋한 감정이 싹트기 시작했다.

하지만 가룟 유다의 마음과는 달리 막달라 마리아의 마음은 오로지 예수를 향해 있었다. 예수를 바라보는 막달라 마리아의 눈빛은 항상 빛나있었다. 1년이 지나고 2년이 지나도 그 눈빛은 변함이 없었다. 막달라 마리아가 예수만을 변함없이 바라보고 있을 때 그런 막달라 마리아를 먼발치에서 바라보는 가룟 유다는 가슴이 아팠다.

'마리아는 어찌 내 마음을 이리도 모른단 말인가? 정말 그가 선생만을 사랑하는 것인가?'

태초부터 변심하는 자들이 모두 그랬듯이 가룟 유다의 마음에도 어느새 질투와 시기의 마음이 들어왔다.

'예수 선생만 아니면 내가 저 여인네를 차지할 수 있을 텐데….'

그는 말도 안 되는 상상을 하기 시작했다.

어느 날 밤에 가룟 유다가 잠들지 못하고 밤하늘 별을 보면서 괴로움에 탄식하고 있었다. 그런데 그때 어디선가 문이 열리는 소리가 들렸다. 가룟 유다가 어둠 속에서 누군가가 선생의 처소에서 나오는 것을 보았다.

'선생님이 안 주무시고 나오시는가 보구나.'

가룟 유다가 그렇게 생각하고 일어나려고 했는데, 달빛에 비친 모습을 보니 여인네였다.

'마리아?'

가룟 유다의 눈에 그 여인네는 분명 막달라 마리아였다. 선생의 처소에서 나온 막달라 마리아는 어둠 속으로 빠르게 사라져 갔다.

가룟 유다는 분노가 치밀어 올랐다.

'어찌 마리아가 이 늦은 밤에 선생의 처소에서 나온단 말인가? 정말 둘이 사랑하는 관계란 말인가?'

가룟 유다는 사랑이 깨진 것에 대한 분노와 선생에 대한 질투로 정신이 혼란스러워졌다. 방으로 돌아온 가룟 유다는 머리를 감싸고 괴로워하며 신음했다.

'내 마음이 왜 이런 것인가? 이러다가 정말 미쳐버릴지도 모르겠다. 이 괴로움과 고통을 벗기 위해 무엇을 해야만 하는 것이지?'

그가 고통 속에 신음할 때 어둠 속에서 누군가가 그의 귀에 대고 속삭였다.

"유다야, 뭘 그리 고민하느냐? 예수만 없으면 다 해결되는 것이 아니냐? 하하하."

가룟 유다는 듣기 싫어 귀를 막았지만, 귀를 막아도 계속 그 음성이 들렸다.

가룟 유다가 괴로움에 참다못해 소리쳤다.

"그래, 알았다. 알았으니 그만 나를 괴롭혀라."

그러자 더 이상 그 음성이 들리지 않았다.

나사로와 여동생들

예루살렘에서 아주 가까운 거리에 베다니라는 마을이 있었다. 이곳에 나사로라는 사람이 살고 있었다. 그는 예수의 말씀을 따르는 신자였다. 또한 그의 여동생들, 마르다와 마리아도 신자였다.

"나사로야, 너희가 나를 벗처럼 대해주어 내 마음이 편하고 기쁘구나."

예수는 마음을 편하게 해주는 그들을 특히 사랑하여 예

루살렘에 오게 되면 어김없이 나사로의 집에 가서 머물렀다.

하루는 예수가 그 집에 머물러 있을 때였다. 마르다는 여러 가지 음식을 장만하느라 분주하였는데, 동생 마리아는 자기가 잘하는 음식 한 가지만 후딱 접시에 담아 올려놓고는 예수의 발치에 앉아서 말씀을 듣느라 정신없었다. 그러자 마르다는 동생이 괘씸했는지 선생에게 불평을 늘어놓았다.

"선생님, 언니는 이리도 바쁜데, 동생은 한가로이 앉아서 있으면 되는 건가요? 선생님이 호통을 쳐서 일을 거들게 하라 하십시오."

뿔난 마르다에게 예수가 미소 지으며 대답했다.

"마르다야, 음식은 많이 장만해도 좋지만 한 가지만이라도 족하느니라. 마리아는 이 좋은 쪽을 택하였으니 뺏기지 않으려 할 것이다."

그렇게 선생이 말하자 마르다가 입을 삐죽 내밀고는 돌아서 갔다. 모여 앉은 사람들이 다들 이 상황이 재밌었는지 깔깔깔 웃었다. 그날 밤 예수의 일행과 나사로의 가족은 시간 가는 줄 모르고 즐겁게 지냈다.

하지만 그렇게 자주 가던 나사로의 집도 한동안 발길이 뜸하게 되었다. 그것은 유대 지방의 핍박 때문이었다. 예수가 여러 번에 걸쳐 유대를 순회하면서 말씀을 전파하였지만, 그곳의 바리새인들은 완고하여 예수의 말을 전혀 들으려 하지 않았다. 유대는 어느 곳에 가든지 예수를 돌로 치려고 달려드는 자들이 있었다. 예수의 일행은 그들로부터 수모와 핍박을 받아 가면서 순회를 마치고 갈릴리로 돌아가야만 했다.

갈릴리로 돌아온 예수는 골방에 들어가서 눈물의 기도를 올렸다.

"아버지여, 어찌하면 좋겠습니까? 저들이 완고하고 간악하여 하늘의 말을 전혀 들으려고 하지 않습니다. 다만 그들은 사탄의 말을 듣고 말씀을 전하는 저희를 죽이려고 하옵니다. 그들의 마음을 어떻게 하면 돌려놓아 아버지를 따르게 할 수 있나이까?"

예수는 하루 속히 뜻이 이루어져서 이 나라가 아버지의 나라가 되기를 간절히 기도하며 몸부림쳤다.

그렇게 기도한 지 얼마 지나지 않아서 어떤 사람이 예수에게 헐레벌떡 뛰어왔다.

"선생님, 우리 나사로 주인께서 병으로 쓰러져서 사경을 헤매고 있습니다."

예수의 제자들은 스승이 얼마나 나사로를 사랑하는지 알기에 당혹감에 서로 얼굴만 쳐다보고 있었다. 그러자 예수는 그들을 향해 덤덤한 표정으로 말하였다.

"이 병은 죽을병이 아니라 하나님의 영광을 위함이요 하늘의 아들이 이로 말미암아 영광을 받게 하려 함이다."

제자들은 스승이 하는 말이 무슨 말인지 이해할 수 없었다. 예수는 다시 방으로 들어갔고 이후 아무 언급 없이 이틀이 지나갔다.

"이틀이 지나도록 아무 말씀이 없으신 걸 보니 선생께서 나사로에게 가지 않을 것인가 보네."

"그러게 말이야. 아무래도 유대가 위험하니 가지 않으시려는 것이겠지."

그렇게 제자들이 짐작하고 있었는데 갑자기 예수는 제자들을 불러놓고 "나사로를 보러 갈 터이니 떠날 채비를 해라."라고 말했다.

그러자 제자들이 당황하여 스승을 만류했다.

"선생님, 유대인들이 돌로 치려고 달려들 텐데, 그곳에 또 가시려고 합니까?"

"그들이 아무리 돌로 치려고 하더라도 어둠이 빛으로 온 자를 죽일 수 없다. 내가 죽은 나사로를 살리려 함은 유대인들이 이것을 믿고 따르게 하려 함이다. 그러니 어서 서둘러라."

예수 일행이 도착하였을 때 나사로의 여동생 마르다가 나와 엎드리며 통곡하였다.

"선생님, 이제 오셨나이까? 선생님이 이곳에 계셨더라면 오라버니가 죽지 아니하였을 것이옵니다. 하지만 이제라도 선생님께서 무엇이든지 하나님께 구하시는 것을 하나님이 주실 줄을 믿사옵니다."

그러자 예수가 마르다를 보며 나지막이 말했다.

"네 오라비가 다시 살아나리라. 나는 부활이요 생명이니 나를 믿는 자는 죽어도 살겠고 무릇 살아서 나를 믿는 자는 영원히 죽지 아니하리니, 네가 이것을 믿으면 하나님의 영광을 보게 될 것이다. 이것을 네가 믿느냐?"

"네. 그러하옵니다. 선생님은 메시아요, 하늘의 아들이심을 제가 믿나이다."

그때 집에 있던 동생 마리아가 예수가 왔다는 말에 달려 나왔다. 마리아가 달려 나가자, 장례로 집 안에 있던 무리도 덩달아 따라 나왔다. 그들은 나사로와 인연이 있던 예루살렘에 사는 유대인들이었다. 마리아가 나와 예수의 발아래 엎드리어 통곡하니 따라 나온 무리도 눈물을 흘리고는 자기들끼리 수군댔다.

"그런데 저 사람은 누구인가? 자매들이 왜 저 사람에게 가서 통곡하는가?"

"저 사람이 그 유명한 예수라는 사람이라잖나. 귀신 들린 자도 고치고, 눈먼 자의 눈도 뜨게 했다는 갈릴리의 그 유명한 선생이라네."

"그래? 그런 사람이 나사로와 잘 아는 사이인가 보군?"

"나사로 가족들과 아주 친했다더구먼."

"그렇다면 맹인의 눈만 고칠 것이 아니라 나사로가 병들었을 때 살렸어야 하지 않는가?"

혀를 끌끌 차며 쳐다보는 유대인들의 시선을 뒤로하고 예수는 나사로를 안치했다는 무덤으로 향했다.

"바위를 옮겨 놓으라."

예수의 말이 떨어지자, 무덤을 막고 있던 커다란 바위를 제자들이 옆으로 옮겨 놓았다.

그러자 마르다가 옆에서 예수의 팔을 잡았다.

"선생님, 오라버니가 죽은 지 이미 수일이 지났습니다. 가까이 가시면 시신에서 냄새가 심하게 날 것입니다."

"마르다, 내가 한 말을 잊었느냐? 네가 믿으면 하나님의 영광을 보리라 하지 않았느냐?"

그 말에 마르다가 더 이상 만류하지 않고 뒤로 물러났다.

예수가 눈을 들어 하늘을 올려다보며 마치 둘러선 무리

가 들으라는 듯 큰 소리로 외쳤다.

"아버지여, 내 말을 들으신 것을 감사하나이다! 항상 내 말을 들으시는 줄을 알았나이다!"

그러더니 동굴을 향해 더 큰 소리로 외쳤다.

"나사로야, 나오라!"

그렇게 소리를 지르고 조금 있으니 과연 죽었던 나사로가 일어나서 나왔다. 시신에 싸맸던 베를 두른 채로 나사로가 나와 눈을 껌뻑거리며 사람들을 쳐다봤다. 모두가 소리를 지르며 경악했고 어떤 이는 그 자리에서 풀썩 주저앉기도 했다. 마르다와 마리아는 살아 돌아온 오라비를 부둥켜안고 기쁨의 눈물을 흘리며 어쩔 줄 몰랐다.

"사탄이시여, 예수가 죽은 나사로를 살렸다는 소문이 온 유대에 퍼졌습니다."

사탄의 부하가 걱정스러운 눈빛으로 보고를 올리자, 사탄이 코웃음을 쳤다.

"예수가 귀신 들리고 병든 자들을 고쳐 주어도 이 민족이 변화가 없으니, 끝내는 죽은 자를 살리어 자기가 하늘의 아들임을 드러내려고 일을 벌였구나."

"사탄이시여, 죽은 자를 살리는 것은 하나님만이 할 수 있는 능력인데 이렇게 되면 유대 백성이 예수를 하늘의 아들로 받아들이지 않을까요?"

그러자 사탄이 심기가 불편한 듯 부하를 노려보며 대답했다.

"잘 들어라. 유대 백성은 이미 우리에 의해서 눈이 가려진 상태이다. 예수가 그들에게 아무리 기적을 보여준다고 한들 그들은 오히려 예수를 요괴한 박수무당 정도로 여겨왔다. 이번에도 마찬가지다. 한 번 눈이 가려진 유대 백성이 그리 쉽게 바뀔 것 같으냐? 너희는 지금껏 해왔던 것처럼 그들의 마음을 흔들어 예수를 더욱더 궁지에 몰아넣어야 한다. 알겠느냐!"

죽이려는 자들

예수가 죽은 나사로를 살린 이야기는 삽시간에 예루살렘에 퍼졌다.

"갈릴리의 예언자 예수가 죽은 사람을 살렸다네."

"그게 사실인가?"

"그렇다네, 내 이 두 눈으로 똑똑히 보았다네."

"그가 진짜 하늘이 보낸 메시아란 말인가?"

많은 유대인이 예수의 기적에 놀라워했고 진짜 메시아

일지도 모른다고 생각하게 되었다. 그러자 기득권 세력들은 이 일로 인해 사람들이 예수를 따를까 두려워했다. 이에 대제사장들과 바리새인들이 공의회를 소집하여 수십 명의 의원들이 모인 가운데 이 일에 대해서 의논했다.

다들 모이자, 예수라는 인물에 대한 두려움을 표출하기에 바빴다.

"이 예수라는 자가 얼마 전에는 죽은 사람을 살리는 기적도 일으켰다 하오. 그로 인해 예루살렘의 많은 이들이 심히 동요를 하고 있소. 이렇게 그를 따르는 무리가 많이 생겨나면 필시 로마가 그와 추종자들을 국가 반역죄로 뒤집어씌워 그들뿐 아니라 우리 유대인들마저 학살할 것이오."

"그렇소, 지금까지 지켜온 우리 땅과 민족이 또다시 외세의 침략으로 갈가리 찢길지도 모르오. 이자를 그냥 내버려 둬야 한단 말이오?"

그들은 모여서 나라와 민족을 걱정하는 듯 예수의 행위를 성토했다. 하지만 그중에 의로운 자 몇몇은 속으로 '네 놈들이 무슨 나라와 민족을 걱정하는 거냐. 호사스럽게 누리고 사는 것을 뺏길까 봐 두려운 거겠지.'라고 생각했다. 하지만 자기들의 수가 얼마 안 되니 조용히 입을 닫고 있었다.

모인 사람들이 결론을 못 내고 웅성거리자, 그해의 대제사장 가야바가 입을 열었다.

"여러분들은 어찌 그리도 우매하게 두려워하기만 하는 거요?"

가야바가 혀를 끌끌 차더니 일어나서 청중들 앞으로 나와 외쳤다.

"백성이 한 사람 때문에 죽는 게 낫겠소? 한 사람이 백성을 위해서 죽는 것이 낫겠소?"

결국 가야바의 의도대로 산헤드린 공의회는 나라와 민족을 위해서 한 사람이 죽는 것이 낫다는 명분을 세워 예수를 죽이는 것으로 결정을 내렸다.

"예수가 예루살렘에 입성하게 되면 때를 노려 잡아들이도록 합시다."

가야바가 실행 계획을 세우자, 의원 하나가 물었다.

"예수를 따르는 무리가 많다는데 그들과 충돌 없이 가능하겠소?"

그러자 가야바가 자신만만한 말투로 대답했다.

"걱정하지 마시오. 예전에 안디바가 세례 요한을 밤에 기습하여 성공하지 않았소? 우리도 이처럼 밤에 기습할 것이오."

회의가 끝나자, 대제사장들이 아랫사람들을 불러서 "너희는 예수가 있는 곳을 알려주는 자에게 포상한다고 널리 알려라."라고 명령했다.

"사탄이시여, 유대 관원들이 회의를 열어서 예수를 죽이기로 했습니다."

부하가 달려와서 소식을 전하자, 사탄은 흡족한 듯 미소를 지었다.

"그래, 반가운 소식이다. 그동안 너희가 권력자들의 마음속에 들어가 질투와 시기를 심어주고 자극한 덕분이구나."

"사탄이시여, 예수가 죽으면 이제 이 세상은 사탄님의 것이 되는 것입니까?"

"그렇다. 비록 세상을 창조한 것은 신이지만 세상의 주인은 내가 되는 것이다. 봐라, 신이 세상의 주인이 되려고 4,000년을 준비하여 아들을 보냈지만 얼마나 사탄의 세상이 견고하면 신이 보낸 아들까지 죽이려 하겠느냐. 그러니 이 세상 주인이 사탄이 아니고 누구란 말이냐? 하하하!"

하지만 유대 관원들이 아무리 권력자라고 해도 예수가 어딘가로 숨어버리면 찾을 수는 없었다. 그저 제 발로 예루살렘에 와서 잡히는 것만을 바랄 수밖에 없었다. 그럴수록 사탄은 부하들을 재촉하여 예수를 잡아 죽이려고 했다.

"무엇들을 하느냐? 어서 유대의 관원들과 백성의 마음을 흔들어서 예수를 잡게 하여라!"

그렇게 사탄이 권력자들의 마음을 흔들어서 예수를 잡게 하려고 했지만 모두 실패로 돌아갔다.

사탄이 예수를 잡아 죽이려고 발버둥을 쳤지만, 결정적으로 예수를 죽이지 못하는 유일한 이유가 있었다. 그것은 사탄이 예수를 죽일 권한이 없다는 것이었다. 예수는 사탄과는 아무 관계 없는 순수한 신의 혈통이기 때문에 사탄이 그의 생명을 침범할 수는 없었다. 예수의 생명은 오로지 신의 영역이기에 신이 허락하지 않는 한 예수를 그 누구도 죽일 수는 없었다.

사탄도 그것을 잘 알고 있었다.

'나도 예수를 내 맘대로 죽일 수 없다는 것을 잘 안다. 허나 예수가 인간들을 신에게로 가게 하는 일은 막아야 한다. 그렇게 하면 세상은 지금처럼 앞으로도 계속 악으로 물든 세상이 될 것이고 인간들은 더 이상 신을 찾지 않을 것이다. 그러니 예수가 아무것도 할 수 없도록 그를 방해하여야만 할 것이다.'

이렇게 오랜 시간 동안 예수를 무너뜨리려는 사탄과 예수를 살리려는 신과의 싸움이 계속되고 있었다. 이러한 싸움이 이어지기만 할 뿐 유대 백성은 전혀 변화되지 않았다.

사탄과의 담판

"하나님, 예수가 세상을 향해 하늘의 아들임을 아무리 알려도 이스라엘 민족의 대표자들이 그를 죽이려고만 하니 어찌하면 좋겠습니까?"

가브리엘의 물음에 신은 침통한 표정을 지으며 천천히 입을 열었다.

"가브리엘, 이 민족을 선민으로 세워 4,000년을 끌고 나온 이유는 끝 날에 하늘의 아들 독생자를 믿게 하려 함이었다. 그러나 이스라엘 민족이 하늘이 보낸 수많은 선지자를 불신하고 잡아 죽이더니 이제는 이 아들마저 불신하여 죽이려고 하는구나."

"하나님, 사탄이 악착같이 달려들어 인간들의 마음을 흔들고 있어서 더욱 그런 듯하옵니다."

"그렇다. 그가 어떻게든 세상의 주인 자리를 뺏기지 않으려고 그러는 것이다."

"하나님, 만일 그렇다면 유대 땅은 포기하고 갈릴리만 전도해야 하는 것인가요?"

"그것은 아니 될 말이다. 유대의 지도자들이 예수를 믿고 따라야만 이 나라 전체가 바뀔 수 있고 그 터전 위에 전 세계가 바뀔 수 있는 것이다."

"음... 그렇군요."

신은 한참 생각하다가 가브리엘을 바라보며 단호한 어조로 말했다.

"남은 시간이 얼마 없다. 이제는 결단해야 할 때가 왔다."

"결단이라시면...."

"가브리엘, 잘 들어라. 이제 사탄과 담판을 지어야만 한다."

"네? 사탄과 담판을 짓는다고요?"

신은 가브리엘에게 신의 뜻을 사탄에게 전달하라고 명령

하였다.

"사탄이시여, 가브리엘 천사가 찾아왔습니다."

문지기가 들어와서 보고하자 사탄도 놀라지 않을 수 없었다.

"가브리엘, 어쩐 일인가? 자네가 나를 다 찾아오고?"

한때는 천사들을 총괄하던 천사 총대장 루시엘이었던 사탄이 옛날 부하를 다시 만나니 어색하기 짝이 없었다. 루시엘을 상관으로 모셨던 가브리엘도 어색하기는 마찬가지였다. 하지만 가브리엘이 마음을 굳게 잡고 단호한 표정을 지으며 대답했다.

"사탄, 하나님께서 당신에게 전할 말이 있어 왔소."

"그래?"

사탄은 흥미롭다는 듯 음흉한 미소를 지었다.

"사탄, 하나님께서는 당신이 예수의 생명을 노리는 것을 알고 계시오."

사탄은 거드름을 피우며 고개를 까딱까딱하더니 대답했다.

"그야 그렇지, 허나 내가 예수의 생명을 뺏을 수 없다는 것도 잘 알고 계실 텐데?"

"그렇소. 당신은 아무리 용을 쓴다고 해도 하나님의 허락

없이는 예수의 털끝 하나 건드릴 수 없소."

"그렇지. 그래서 나도 무척 피곤하네."

"그래서 당신과 담판을 지으러 이렇게 온 것이오."

"담판을 짓는다?"

"그렇소. 알다시피 하나님의 목적은 예수를 통해 세상 만민을 구원하는 것이오. 허나 지금은 갈릴리의 일부만 그를 따를 뿐 정작 이스라엘 민족의 마음을 바꿀 지도자들이 불신하여 예수를 따르지 않고 있소. 지금에 이 상황으로 계속 가면 예수 하나는 살리겠지만 세상은 영원히 구원될 수 없을 것이오."

"그렇지. 예수 하나를 살린다고 한들 소용없는 일이지, 세상 만민은 다 내 손아귀에 있으니...."

"그래서 하나님은 너무도 고통스럽고 힘들지만, 큰 결단을 내리셨소."

가브리엘이 북받치는 감정을 누르고 간신히 말을 이어갔다.

"예수의 죽음을 허락하기로 말이오."

그 말에 사탄은 눈을 번쩍 뜨고는 놀란 표정으로 물었다.

"예수의 죽음을 허락한다고? 그 말은 독생자의 목숨을 사탄인 나에게 내주겠다는 뜻인가?"

"그렇소."

사탄은 갑자기 뭔가에 맞은 듯 어안이 벙벙했다.

"무엇을 위해서 그런단 말인가?"

"하나님께서 이렇게 말씀하신 이유는 사랑하는 아들의 생명을 주고서라도 세상 만민을 살리시기 위함이오."

"세상 만민을 구원하기 위해 독생자를 희생한다?"

사탄은 자리를 고쳐 앉더니 손뼉을 치며 대답했다.

"하나밖에 없는 자식을 죽여서라도 세상을 구원하겠다는 신의 숭고함에 박수를 보내지 않을 수 없구나."

가브리엘은 비아냥거리는 사탄에게 분노가 치밀어 올랐지만, 꾹 참고 말을 이어갔다.

"하지만 하나님은 그의 아들을 죽이는 것이 아니오. 죽이려는 자는 사탄, 당신일 뿐이고 하나님은 살리시는 분이요. 하나님은 그 아들을 다시 살리시어 세상 만민을 구원하시려는 것이오."

사탄은 옅은 미소를 지으며 냉소적으로 물었다.

"가브리엘, 육신도 없는 예수를 인간이 믿는다 해 봐야 그것은 그저 인간의 영혼만 구원된다는 사실을 자네도 잘 알고 있을 텐데?"

"그렇소. 하나님은 인간의 영혼만이라도 구원하려는 것이오."

"그래? 그 말은 지상은 여전히 나, 사탄의 세상으로 남고 예수를 믿는 자만이 천국에 가는 반쪽 구원이라도 하시겠다?"

가브리엘은 사탄의 조롱 섞인 말에 또다시 분노가 치밀어 올랐으나 꾹 참고 말을 이어갔다.

"여기에는 한 가지 조건이 있소."

"조건? 그렇겠지. 무조건 예수의 목숨을 내어주지는 않겠지. 그 조건이라는 것이 무엇인가?"

"예수는 죽은 후 3일 만에 부활할 것이오. 그리고 40일간 지상에서 머물며 그의 제자들을 다시 찾아 세우고 새로운 출발을 할 것이오. 그 기간에는 절대로 사탄, 당신의 방해가 있어서는 아니 되오. 그것이 이번 담판의 조건이오."

"오라, 그거였구나. 죽은 예수를 부활시켜 제자들을 통해 구원 섭리를 진행하시겠다?"

사탄은 가증스러운 눈빛으로 코웃음을 치더니 말을 이어갔다.

"스승이 잡혀가면 죄다 도망칠 터인데 제자들이 퍽이나 잘도 뭉치겠다. 뭉친다 한들 갈릴리에서 끌어모은 가난하고 무식한 그들이 무얼 할 수 있단 말이냐?"

가브리엘이 사탄의 눈을 노려보며 단호하게 물었다.

"어찌할 것이오? 하나님의 뜻대로 받아들일 것이오, 아니면 이대로 시간만 보낼 것이오?"

사탄은 눈을 게슴츠레 뜨고는 곰곰이 머릿속으로 주판알을 굴리기 시작했다.

'음... 아무리 생각해도 이런 협상은 **나에게 모든 것을 주는 꼴 아닌가?** 예수를 잡아 죽여서 나는 이 세상 왕이 되는 것이고, 예수가 잠시 세상에 나타난다고 한들 불신으로 가버린 이 민족이 다시 돌아설 리도 없고 말이다. 이는 나에게 천금 같은 기회로구나. 신이 이렇게 나에게 큰 선물을 주다니, 하하하.'

사탄은 마음속으로 쾌재를 부르며 도장을 찍었다.

CHAPTER

4

죽음을 선택

유월절 엿새 전에 예수의 일행이 베다니 나사로의 집을 방문하였다. 나사로의 식구들이 모두 나와 예수를 반갑게 맞이했다.

아라마대 요셉과 니고데모는 예수가 베다니에 왔다는 전갈을 듣고는 밤이 되자 사람들의 눈을 피해 예수의 처소를 찾아왔다.

니고데모는 걱정스러운 표정을 지으며 물었다.

"선생님, 어찌 이 위험한 시기에 오셨나요? 설마 명절을 쇠러 예루살렘에 들어가시려는 것은 아니시겠죠?"

그러자 예수가 사뭇 심각한 표정으로 대답했다.

"내가 여기서 하루를 더 묵고 예루살렘 성으로 들어갈 것이다."

아리마대 요셉이 놀란 눈으로 대답했다.

"선생님, 제발 그것만은 안 됩니다. 지금 예루살렘에 선생님을 잡겠다는 사람들이 천지입니다. 그들에게 잡혀서 죽임을 당할지도 모릅니다. 그러니 이번에는 예루살렘에 들어가지 마소서."

그렇게 말했으나 예수는 단호한 표정으로 말했다.

"이제 때가 되었다. 나는 예루살렘에 들어가서 고난받고 죽을 것이요, 이는 나를 통해 세상을 구원하려는 하늘의 뜻을 따르려 함이로다."

아리마대 요셉과 니고데모가 놀라서 아무 말을 못 하고 있었다. 예수는 그런 그들을 보며 강하고 담대한 어조로 말을 이어갔다.

"그러니 잘 들어라. 내가 죽고 나면 너희는 나를 위해 장사 지내라. 니고데모여, 야곱의 시신에 매일 같이 향을 입혀 40일간 썩지 않게 하였듯이 나의 시신을 그렇게 하라. 요셉이여, 모세의 시신을 아무도 찾지 못했듯이 나의 시신도 그렇게 아무도 모르는 곳에 숨겨라. 이는 사탄이 하늘이 선택한 자의 시신에 침범하지 못하게 하려 함이로다. 이것은 내가 살아있는 동안 너희에게 주는 마지막 계명이다."

스승이 너무도 심각하고 진지하게 말하여 아리마대 요셉과 니고데모는 더 이상 아무 말을 할 수 없었다. 결국 그들은 눈물을 삼키며 스승의 뜻을 받아들이고는 돌아갔다.

예수는 아무도 없는 빈방에 혼자 앉아서 눈을 감고 기도를 드리고 있었다. 그때 방 한쪽 구석에서 누군가가 흐느끼는 소리가 들렸다. 예수는 그 소리의 주인이 누구인지 알고 있었다.

"마리아, 다 듣고 있었느냐?"

나사로의 여동생 마리아는 예수의 방 근처에 있다가 우연히 엿듣고 난 후 자리에 털썩 주저앉고서 눈물을 흘리고 있었다.

어둠 속에서 마리아가 나오더니 예수 앞에 엎드리었다.

"선생님, 제발 가지 마세요. 흐흐흑."

예수는 눈물을 흘리며 우는 마리아를 아무 말 없이 바라보고 있었다.

다음날 나사로의 집안에서 예수 일행을 위한 잔칫상을 마련했다. 마르다는 여전히 온갖 음식을 정성스럽게 차려

내었고 나사로는 예수의 곁에 앉았다. 동생 마리아는 무엇을 하는지 보이지 않았다. 한참을 즐겁게 다들 먹고 마시는 중에 동생 마리아가 들어오더니 예수의 발에 비싼 향유를 붓고는 자기 머리털로 그의 발을 닦았다. 쏟아부은 향유로 냄새가 온 집 안에 가득했다.

다들 마리아의 행동에 놀라워하며 쳐다보다가 가룟 유다가 한마디 했다.

"그 비싼 향유를 어찌하여 그렇게 낭비하느냐? 그걸 팔아 가난한 자들에게 주었으면 더 좋지 않았겠느냐?"

그러자 예수가 침통한 표정을 지으며 가룟 유다에게 대답했다.

"마리아는 나의 장례를 위해 그렇게 하는 것이다. 그러니 내버려둬라. 가난한 자들은 항상 너희와 함께 있거니와 나는 항상 있지 아니하리라."

그 말에 제자들이 서로 얼굴만 쳐다보며 아무 말을 못 했다.

그날 밤 예수는 나사로와 두 자매를 불렀다.

"아침에 우리 일행은 예루살렘으로 떠날 것이다. 너희는 이번 명절에는 따라오지 마라."

그러자 나사로가 난감한 표정을 지으며 대답했다.

"하지만 저희가 어떻게 선생님을 그냥 보낼 수 있습니

까? 저희도 따라나서겠습니다."

"안 된다. 대제사장과 바리새인들이 지난번 일로 너까지 잡으려고 혈안이 되어 있다. 그러니 너는 식구들을 데리고 당분간 예루살렘에서 멀리 떠나 있어라."

예수의 강한 명령에 나사로가 할 수 없이 그 말을 따랐다.

아침이 되자 예수 일행은 베다니를 떠나 예루살렘에 입성하였다. 예수는 나귀를 타고 터벅터벅 인파 속으로 들어갔다.

그때 누군가가 외쳤다.

"주의 이름으로 오시는 이스라엘 왕이시여!"

유월절을 맞아서 갈릴리로부터 온 무리가 예수를 알아보고는 환영의 소리를 외치기 시작했다. 하지만 믿지 않는 바리새파 유대인들은 심히 기분이 나빴는지 표정이 굳어지며 한마디씩 했다.

"저 많은 인간이 미쳤나 보다. 저리도 환영하다니 말이야."

"그러게 말일세. 근데 대제사장이 저자의 은신처를 알아다 주면 포상을 준다지 않았소?"

"아서라. 따르는 무리가 너무 많아서 그랬다가는 행여 보복이나 당하지 않을까 두렵구나.”

그들이 하는 말을 가룟 유다가 우연히 듣게 되었다.

“예수의 은신처를 알아다 주면 포상한다는 말이 사실이오?”

“그렇소”

“누구한테 가면 그 포상을 받을 수 있소?”

“대제사장 가야바에게 가면 받을 수 있을 것이오. 설마 포상을 받을 생각으로 물어보는 것이오?”

가룟 유다가 대답하지 않고 황급히 자리를 떠났다.

가룟 유다는 막달라 마리아를 연모한 이후부터 예수에 대한 불신의 골이 생기기 시작했다. 그 골은 점점 깊어져만 가고 있었다. 점점 예수를 불신하였고 스승이 보여준 그동안의 기적이 모두 사기라고 생각했다.

‘예수는 사기꾼이다. 그런데 왜 그를 사람들이 저리도 사랑하는 것인가? 베다니 마리아는 예수의 무엇이 좋아서 그토록 비싼 향유를 그의 발에 붓는 것인가? 막달라 마리아는 어째서 예수를 저리도 사랑한다는 말인가? 이것은 가짜 사기꾼 예수에게 홀려서 그러는 것이다. 내가 이 모든 것을 끊어 놓고야 말 것이다.’

그는 마음의 결심을 하고는 가야바의 집으로 향했다.

해가 막 지려고 할 때 니고데모가 아무도 몰래 예수를 찾아왔다.

"선생님, 결국 예루살렘에 다시 오셨군요."

예수는 아무 말도 하지 않았다.

니고데모는 남들이 들을까 몸을 낮추고 작은 목소리로 말을 이어갔다.

"선생님, 너무 놀라지 마십시오. 12제자 가운데 하나가 선생님을 대제사장에게 은 30냥에 팔아넘기려 한다고 하옵니다."

예수는 놀랍지 않다는 듯 니고데모를 쳐다보았다.

"그 말을 전하러 이렇게 달려왔는가?"

"네, 그렇습니다. 어찌 제자가 스승을 팔아넘긴단 말입니까?"

"어차피 나의 갈 길은 정해져 있다. 그가 나를 팔든 안 팔든 나는 정해진 길을 갈 것이다. 다만 그에게 주어질 징벌을 생각하니 가슴이 아프구나."

"혹시, 그가 누구인지 아시는 것입니까?"

"아무 말 하지 말아라. 나는 이미 그가 누구인지 알고 있다."

예수는 가룟 유다가 스승을 바라보는 눈빛이 전과 같지 않음을 이미 알고 있었다.

막달라 마리아에게 위로의 말을 전하고 입 맞추었을 때 질투로 가득한 눈빛을 보았고 베다니 마리아가 향유를 부을 때 시기로 가득한 눈빛을 보았다.

예수는 가룟 유다가 언젠가는 스승을 배신하고 다른 길을 갈 수도 있음을 알고 있었지만 그를 말리지 않았다. 한번 사탄의 마음이 들어간 자를 설득하여 돌아오게 한다는 것이 얼마나 힘든 일인지 알고 있었기 때문이다. 예수는 가룟 유다가 스스로 깨닫고 돌아오기만을 기다렸지만 결국 가룟 유다는 돌아올 수 없는 강을 건너고 말았다.

최후의 만찬

며칠 후 유월절 만찬상을 차려놓고 모두가 모였다. 다들 음식을 한창 먹고 있을 때였다.

"대야에 물을 담아 오너라."

스승의 갑작스러운 말에 제자들이 어리둥절하였다. 대야가 들어오자, 예수는 겉옷을 벗고 수건을 허리에 둘렀다.

"이제부터 너희의 발을 씻겠노라."

모두가 놀랐지만, 스승이 시키는 대로 따랐다. 예수는 제자들의 발을 씻고 허리춤에 찬 수건으로 닦아주었다. 베드로의 차례가 다가오자, 그가 손사래를 쳤다.

"선생님, 어찌 선생님께서 저의 발을 씻으십니까?"

이에 예수가 진지한 표정으로 대답했다.

"내가 하는 것을 네가 지금은 알지 못하나 이후에 알리라."

그렇게 말했으나 베드로가 한 번 더 거부했다.

"아닙니다. 저는 그럴 수 없습니다."

그러자 예수가 눈을 치켜뜨며 호통을 쳤다.

"내가 너를 씻어 주지 아니하면 네가 나와 상관이 없느니라."

베드로가 스승의 호통에 머쓱한 표정으로 대답했다.

"선생님, 그러시면 저의 발뿐 아니라 손과 머리도 씻어주시옵소서."

베드로의 대답에 예수는 어이없어 한숨을 내쉬더니 이내 대답했다.

"이미 목욕한 자는 발밖에 씻을 필요가 없다. 온몸이 깨끗하니라."

그러면서 가룟 유다를 한 번 쳐다보고는 말을 이었다.

"너희가 깨끗하나 다는 아니니라."

예수는 제자들의 발을 씻은 후에 옷을 다시 갖춰 입고는 자리에 앉았다.

예수는 이제 얼마 남지 않은 시간에 침통한 마음이 가득하였으나 감정을 억누르고 제자들에게 말하였다.

"나를 선생이라 또는 주라 하니 너희 말이 옳도다. 내가 주와 또는 선생이 되어 너희 발을 씻었으니, 너희도 서로 발을 씻어 주어라."

예수는 잠시 제자들의 얼굴을 둘러보더니 강한 어조로 말을 이어갔다.

"내가 진실로 너희에게 이르노니 종이 주인보다 크지 못하고 보내진 자가 보낸 자보다 크지 못하나니, 내가 보낸 자를 영접하는 자는 나를 영접하는 것이요, 나를 영접하는 자는 나를 보내신 자를 영접하는 것이니라."

이제는 정말 때가 가까웠음을 느끼며 예수는 제자들 각각의 얼굴을 가슴에 담고자 그들의 얼굴과 눈을 하나씩 뚫어져라 들여다보았다. 맨 마지막으로 가룟 유다의 얼굴과 마주쳤다. 그는 참을 수 없는 괴로움을 느끼며 가슴에 숨겨 두었던 말을 꺼냈다.

"내가 진실로 너희에게 이르노니 너희 중에 한 사람이 나를 팔리라."

그 말에 제자들이 서로의 얼굴을 쳐다보며 웅성거렸다.

가룟 유다는 예수의 말을 듣는 순간 가슴이 뜨끔했다.

'아니, 그 사실을 어떻게 알았을까? 설마 내가 그런 것을 아는 것인가?'

예수는 떡 한 조각을 적시더니 가룟 유다를 불렀다.

"유다야, 내게로 가까이 와라."

가룟 유다는 깜짝 놀라며 예수의 곁으로 다가갔다. 예수가 그 떡을 가룟 유다에게 주었다. 가룟 유다는 떨리는 손으로 떡을 받아 들었다.

"유다야, 네가 하는 일을 속히 하라."

가룟 유다는 얼떨결에 "네."라고 대답하고는 자리를 빠져나왔다.

예수는 유다를 내보내고 남은 11명의 얼굴을 여전히 가슴에 새기고자 뚫어져라 쳐다보며 말씀을 이어갔다. 예수는 지금 이 시간이 마지막 말씀의 시간임을 알았기에 많은 말씀을 쏟아냈다.

말씀을 다 마치고 예수는 제자들과 함께 근처의 감람산으로 올라갔다. 언덕에 올라와서 밤하늘을 올려다보니 별이 가득했다.

예수는 슬픔에 찬 눈빛으로 제자들을 쳐다보았다.

"성경에 기록된바 목자를 치고 그의 양 떼를 흩어지게

한다고 하였다. 그와 같이 나를 치는 자가 나타나면 너희도 다 나를 버릴 것이다."

그러자 제자들이 한목소리로 "아니옵니다. 저희가 절대로 선생님을 버리지 않을 것이옵니다."라고 말했다. 그 정도 말로는 약했는지 베드로가 앞으로 나와서 더 큰 목소리로 대답했다.

"모두가 선생님을 버릴지라도 저는 결코 버리지 않겠나이다."

그러자 예수가 베드로를 지그시 바라봤다.

"시몬, 내가 네게 이르노니 오늘 밤 닭이 울기 전에 네가 나를 세 번 부인하리라."

이에 베드로가 가슴을 쥐어 잡고는 맹세했다.

"제가 선생님과 죽을지언정 절대로 선생님을 부인하지 않겠나이다."

겟세마네 동산

예수 일행이 감람산 겟세마네 동산 어귀에 다다랐을 때였다.

"베드로, 요한, 야고보는 나를 따르고 나머지는 여기에서 머물라."

제자들은 예수의 명대로 3명의 수제자만 따라 올라가고 나머지 8명은 그 자리에 앉아서 기다리고 있었다. 예수와 제자 3명이 얼마쯤 가니 평평한 땅이 나왔다.

"너희 셋은 여기에서 머물러 나와 함께 깨어 있거라."

예수는 3명의 제자에게 분부하고는 좀 더 깊은 곳으로 들어갔다. 그곳에 커다란 바위가 있었다.

달빛이 바위 위를 비추고 있었다.

그는 바위 위에 손을 모으고 엎드려서 기도하기 시작했다.

"아버지여, 만일 할만하시거든 이 잔을 내게서 거두어 주시옵소서."

그는 죽음의 길을 가야만 하는 것이 너무도 괴로웠다. 어떻게든 살아서 이 민족을 구원하고 싶었던 예수는 사력을 다해 신에게 애원했다. 하지만 그렇다고 자기 뜻대로만 할 수 없음을 잘 알고 있기에, "이 잔이 내게서 지나갈 수 없거든 아버지의 뜻대로 되기를 원하나이다."라며 기도를 끝맺었다. 그곳에서 한참 동안 땀과 눈물의 기도를 하고 돌아왔을 때 3명의 제자는 자고 있었다.

"베드로야, 너희가 나와 함께 한 시간도 깨어 있을 수 없더냐? 시험에 들지 않게 깨어 있어 기도하라."

다시 또 돌아가서는 한참 동안을 눈물의 기도를 했다. 이번에도 앞서와 마찬가지로 "내 아버지여. 만일 내가 마시지 않고는 이 잔이 내게서 지나갈 수 없거든 아버지의 원대로 되기를 원하나이다."라고 끝맺고 제자들에게 돌아왔다.

이번에도 여전히 제자들은 자고 있었다.

"너희는 마음에는 원이로되 육신이 약하도다. 제발 이번이 마지막이니 한 번만이라도 나와 같이 깨어 있어 다오."

그렇게 간곡히 제자들에게 부탁하고는 또다시 바위로 돌아가 같은 기도를 신에게 올렸다. 세 번째 기도를 신에게 올렸을 때는 얼마나 온 힘을 다해서 기도했는지 흐르는 땀과 눈물에서 피가 맺혀서 흘러내렸다. 그렇게 피눈물의 기도를 올리고 돌아왔을 때 이번에도 어김없이 제자들은 잠에 취해 있었다. 그 모습에 예수는 모든 것을 체념한 듯 제자들에게 나지막이 말했다.

"이제는 더 이상 깨어 기도할 필요 없다. 그냥 쉬거라."

천상에서 이를 지켜보던 신도 모든 것을 체념한 듯 눈을 감았다. 이를 곁에서 지켜보던 가브리엘은 궁금하여 물었다.

"하나님, 예수는 어찌하여 겟세마네 동산에서 그토록 제자들과 하나 되어 기도하려고 하였나이까?"

가브리엘의 질문에 신은 천천히 먼 산을 바라보며 침통한 표정으로 대답했다.

"가브리엘, 예수는 어떤 존재냐?"

"예수는 하늘이 보낸 아들이요, 세상을 구원할 메시아입니다.”

"그렇다. 그런 메시아가 인간 세상에서 환영받지 못하고 핍박을 받았다. 다만 12명의 제자만이 예수를 믿고 따르고 있었다. 그중에서도 3명의 제자는 마치 예수의 자녀와도 같은 입장에서 죽음까지도 동행한다고 했던 사람들이다. 이들이 깨어서 기도하고 예수의 죽음까지 같이 하겠다는 마음으로 하나 되어 기도했다면 메시아가 인간과 하나 된 것을 뜻하기에 사탄도 예수를 당장 잡아들일 수는 없었을 것이다.”

"하나님, 그 말씀은 만일 제자들이 예수와 하나 되어 기도했다면, 사탄도 예수를 죽이지는 못한다는 말씀인가요?”

"그렇다. 그것은 마지막 남은 예수의 한 가닥 희망이었다. 그래서 그토록 그 잔을 거두어 달라고 한 것이다. 만일 제자들이 그와 하나 되었더라면 예수는 제자들과 힘을 모아 다시 뜻을 펼치려 했을 것이다. 그랬다면 나 또한 그의 뜻을 따라 그 잔을 거두었을 것이다. 하지만 제자 중 누구도 예수와 하나 되지 못하였다. 결국 예수는 살아서 세상을 구원하는 길을 단념하고 죽음의 길로 가는 잔을 선택할 수밖에 없었다.”

신이 침통한 표정으로 다시 눈을 감았을 때, 가브리엘은 더 이상 아무 말을 할 수 없었다.

모든 것을 체념한 듯 어깨가 축 늘어진 예수가 동산에서 내려오자 기다리던 제자들이 스승에게 달려와 고하였다.

"선생님, 아래쪽에서 웬 무리가 올라오고 있습니다. 아무래도 위험하오니 피하셔야 할 듯하옵니다."

하지만 예수는 놀랍지 않다는 듯 덤덤하게 대답했다.

"너희는 놀라지 말고 침착하여라. 저들은 나를 보러 온 것이다."

횃불을 들고 올라온 무리가 예수와 제자들을 발견하고는 멈춰 섰다. 올라온 무리 중에서 한 명이 어둠 속에서 앞으로 나왔다. 얼굴을 자세히 보니 예수의 제자 중 하나인 가룟 유다였다.

"선생님, 저 유다이옵니다."

그는 예수에게 다가가더니 스승의 얼굴에 입을 맞추었다. 그러자 올라온 무리가 기다렸다는 듯이 예수를 둘러싸서 포박하려고 했다.

"유다야, 너의 입맞춤이 나를 잡으라는 신호였더냐?"

예수의 말에 유다가 아무 말도 하지 않고 뒤돌아섰다.

"이게 무슨 짓이냐!"

베드로가 소리치더니 몸에 품고 다니던 칼을 들어 그들에게 휘둘렀다. 그들 중 하나가 미처 피하지 못하고 그 칼에 귀를 베이고 말았다. 베인 자가 소리를 지르고 땅바닥에

구르며 아픔을 호소했다. 그러자 예수가 베드로에게 소리 쳤다.

"칼을 도로 칼집에 꽂아라!"

스승의 호통에 놀란 베드로가 칼을 칼집에 넣고는 한발 물러섰다. 다른 제자들도 뒷걸음치고 물러났다.

"나는 이제 아버지께서 주신 잔을 마시러 가는 길이니, 너희는 이제 더 이상 나의 길을 막지 말아라."

예수는 그렇게 말을 남기고는 무리 속으로 들어가서 순순히 포박당하더니 끌려갔다.

이를 지켜보던 제자들은 순간 겁이 덜컥 났는지 스승을 버리고는 뿔뿔이 흩어졌다.

죽음의 길

예수를 결박한 무리가 예수를 안나스의 집으로 데리고 갔다. 안나스는 대제사장 가야바의 장인이었다. 안나스도 여러 해 대제사장을 했던 사람이었다.

"그대가 제자들에게 가르치는 교훈이 무엇인가?"

안나스의 물음에 예수는 담담하게 대답했다.

"어찌하여 내게 묻는 것이오? 내가 무슨 말을 하였는지 들은 자들에게 물어보면 될 것 아니오?"

그러자 옆에 있던 자가 예수의 머리를 주먹으로 치며 언성을 높였다.

"네가 감히 대제사장님에게 버릇없이 대답하느냐."

예수가 그를 노려보며 대답했다.

"내가 말을 잘못하였으면 그 잘못한 것을 말하라. 바른말을 하였는데 어찌 사람을 치느냐."

예수를 친 자가 그 말에 화가 치밀었는지 주먹을 들어 또 치려 하자, 안나스가 눈을 치켜뜨고는 소리쳤다.

"그만해라! 소란 피우지 말고 가야바에게 보내라."

안나스의 말에 주먹을 들었던 자가 손을 곱게 내려놓고는 결박한 예수를 끌고는 가야바의 집으로 데려갔다.

가룟 유다는 이미 가야바의 집에 들러서 약속한 은 30냥을 받아 들고는 밤길을 나섰다. 그는 막달라 마리아를 찾아갔다.

"마리아, 예수는 사기꾼이다. 우리는 모두 속은 것이다."

막달라 마리아가 가룟 유다의 갑작스러운 말에 놀라며 물었다.

"그게 무슨 말이에요?"

"마리아, 아직도 내 말을 모르겠느냐? 예수는 지금 유대인들에게 잡혀갔다. 그는 이제 그들에게 죽임을 당할 것이다. 우리도 언제 잡혀갈지 모르니 너는 나와 함께 이곳을 빠져나가자."

그렇게 말하면서 그가 막달라 마리아의 손을 잡았다. 마리아가 손을 뿌리치려고 하자 가룟 유다가 더욱 손을 꽉 잡았다. 막달라 마리아가 괴로워하며 저항했다.

"유다, 이러지 말아요. 제발 나를 놓아주세요."

"놓아주면 예수에게 달려가려고? 너는 예수의 품이 그렇게 좋았더냐?"

"그게 무슨 소리예요?"

"마리아, 나는 네가 늦은 밤에 예수의 처소에서 나오는 것을 보았다. 그래도 시치미를 뗄 거냐?"

막달라 마리아는 순간 가룟 유다가 하는 말이 무슨 말인지 알 것 같았다.

사실 막달라 마리아가 예수의 처소에 늦은 밤에 찾아간 이유는 따로 있었다. 그동안 막달라 마리아는 공동체의 살림을 맡으면서 돈이 필요할 때는 자신의 돈을 헌금으로 냈다. 하지만 한 번도 그것을 드러내지 않고 몰래 고향에 가서 돈을 가져오곤 했다. 예수는 그런 막달라 마리아의 헌신적인 마음을 어여삐 여겼다. 그날 밤도 은밀히 스승에게 헌금을 드리고 돌아 나오는 길이었는데 그것을 가룟 유다가 목격했던 것이다.

"그건 오해예요. 저는 선생님과 그런 관계가 아니에요."

그렇게 막달라 마리아가 말했지만, 가룟 유다는 막달라 마리아를 놓아주지 않았다.

막달라 마리아는 더 이상 가룟 유다를 설득할 수 없음을 깨닫자, 옆에 있던 그릇을 들어 그의 머리를 내리쳤다. 가룟 유다가 충격으로 쓰러지자 막달라 마리아는 밖으로 빠져나왔다. 금세 가룟 유다가 쫓아왔지만 막달라 마리아는 있는 힘껏 달려 나무숲 사이로 숨었다. 막달라 마리아는 숨을 참으며 가룟 유다가 멀리 가기만을 기다렸다. 가룟 유다가 막달라 마리아를 찾으려고 숲을 헤맸지만, 깜깜한 밤이라 아무것도 보이지 않았다.

결국 가룟 유다는 체념한 채 거리로 나와 귀신에 홀린 사람처럼 흐느적거리며 한참을 걸었다. 더 이상 움직일 힘이 없어지니 길가에 털썩 주저앉아서 아무 생각 없이 밤하늘을 바라보고 있었다. 그런데 그때 그의 마음을 지배하던 어두운 무엇인가가 갑자기 사라지며 술에 취한 듯 몽롱하던 눈빛이 제 눈빛으로 돌아왔다. 제정신이 돌아오자, 자기가 벌인 일들이 하나씩 기억나면서 수치감이 몰려왔다.

'내가 지금 무슨 일을 벌인 거지? 내가 무슨 생각으로 스승을 팔아넘기고, 막달라 마리아를 쫓아갔단 말인가?'

그가 사탄에게 사로잡혔다가 정신을 차리고 보니 모든

것이 다르게 보였다. 손에 꼭 쥐고 있던 돈주머니가 마치 뱀처럼 징그럽게 보였다.

'내가 이것을 왜 쥐고 있단 말인가?'

혐오스럽기 짝이 없는 돈주머니를 길바닥에 내던져 버렸다. 그러고는 어디론가 마구 뛰어가기 시작했다.

대제사장 가야바의 집에 횃불을 든 무리가 들어왔다. 무리 중 하나가 예수의 팔을 우악스럽게 잡더니 집 안으로 끌고 들어갔다. 그곳에는 가야바와 다른 대제사장들, 서기관 및 장로 등 잘 나가는 산헤드린 공의회 의원들이 모여 앉아 있었다.

"이자가 예수이옵니다."

끌고 들어온 자가 예수의 등을 떠밀더니 가야바의 앞에 무릎을 꿇어앉혔다.

가야바가 게슴츠레 뜬 눈으로 예수를 쳐다보면서 물었다.

"그대는 어찌하여 이곳에 왔는지 아는가?"

예수는 아무런 대답을 하지 않았다.

가야바는 주변을 둘러보며 물었다.

"이자가 어찌하여 이곳에 왔는지 나에게 알려줄 사람이 있는가?"

그러자 서기관 중 하나가 앞으로 나와서는 말하였다.

"이 사람이 말하길 자기가 하나님의 성전을 헐고 사흘 동안에 지을 수 있다고 하였나이다."

이 말을 듣고는 가야바는 다시 예수의 면전에서 물었다.

"지금 한 말이 사실이더냐? 그대가 정말로 하나님의 성전을 헐고 사흘 동안에 지을 수 있다고 하였더냐?"

예수는 이번에도 아무런 대답을 하지 않았다.

그러자 가야바는 눈을 부릅뜨고는 큰 소리로 물었다.

"왜 아무런 말이 없느냐? 무엇도 대답하지 않겠다는 말이냐?"

예수는 아예 눈을 감고는 아무런 대꾸를 하지 않았다.

화가 머리끝까지 치밀어 오른 가야바는 분노의 목소리로 다시금 물었다.

"살아계신 하나님께 맹세하라. 그대가 진정 하나님의 아들, 메시아란 말이냐?"

그러자 예수가 감았던 눈을 뜨고는 대답하였다.

"그대가 말하였느니라. 내가 그대에게 이르노니 이후에 내가 하나님의 오른쪽에 앉아 있는 것을 모두가 볼 것이다."

가야바는 분노로 인하여 흥분하더니 자신의 옷을 찢으며 소리쳤다.

"이자가 하나님을 모독하는 말을 하였으니 어찌 더 증인이 필요하겠는가? 여기 모인 사람들이 이 말을 다 들었다. 여러분은 이자를 어떻게 해야 하겠느냐?"

이에 모인 자들이 기다렸다는 듯이 한목소리로 대답하였다.

"사형을 시켜야 합니다!"

그들은 예수를 둘러싸고 당장이라도 죽일 것처럼 소리를 쳤고, 어떤 이는 예수의 얼굴에 침을 뱉었다. 또 어떤 이는 주먹으로 예수의 뒤통수를 치더니 "메시아야, 너를 때리는 사람이 누구냐? 알아맞혀 봐라."라며 조롱하였다.

가야바는 예수를 다른 방에 가두고는 그날 모인 사람들에게 말하였다.

"지금 로마의 지배를 받는 이스라엘은 법으로 사람을 사형시킬 권한이 없으니, 날이 밝는 대로 총독에게 가서 저자를 고발하고 처형을 요구하겠소."

그러자 그들 중 하나가 우려 섞인 표정으로 대답했다.

"대제사장님, 뜻은 알겠으나 로마는 예로부터 신성모독 정도로 사형을 선고하지 않습니다. 저자를 총독에게 데려간들 총독도 로마 사람인데 우리의 요청을 들어주겠습니까?"

이 말에 다들 웅성웅성하더니 탄식하기까지 했다. 이에

가야바가 인상을 찌푸리더니 큰 소리로 말했다.

"다들 잘 들으시오. 저자는 신을 모독한 중범죄자요. 절대 살려두어서는 안 되오. 로마가 신성모독을 큰 범죄로 여기지 않는다면 그들이 가장 크게 생각하는 범죄를 씌워서라도 저자를 죽여야 하오."

"대제사장님, 그러시면 저자를 국가 반란죄로 고발하시면 어떻겠습니까? 로마는 국가 반란죄를 가장 큰 중범죄로 여기니 말입니다."

그러자 가야바는 기다렸다는 듯이 대답했다.

"그렇소. 그동안 반란을 저지른 자들을 로마가 살려둔 적이 없었소. 저자의 죄목을 국가 반란죄로 합시다."

한편 다른 제자들은 다 뿔뿔이 흩어져서 어디론가로 가버렸지만, 베드로는 떠나지 못했다. 그는 스승이 가는 곳이라면 죽음의 길도 마다하지 않겠다고 맹세하였던 터라 도저히 스승을 그냥 버리고 갈 수는 없었다. 그는 스승을 끌고 가는 무리를 멀찍이서 뒤따라갔다. 그렇게 뒤따라가다가 대제사장의 집 마당까지 들어오게 되었다. 먼발치에서 보니 누군가가 스승을 끌고 안으로 들어가고 무리는 마당에 나와 옹기종기 모여 앉았다. 베드로는 동태를 살피고자 그 무리가 모여 앉은 곳에 가서는 같은 사람들인 양 앉아 있었다. 그때 무리 중의 하나가 베드로의 얼굴이 낯이 익었는지 갸우뚱하며 쳐다보았다.

"이보시오. 당신은 좀 전에 산에서 나사렛 예수와 함께 있던 자 아니오?"

베드로가 그 소리에 덜컥 겁이 났는지 손사래를 치며 부인했다.

"무슨 소리요? 나는 그가 누구인지 모르오."

그렇게 말하고는 일어나서 나가려 하는데, 이번엔 또 다른 이가 베드로를 알아보고는 사람들을 향해 들으라고 소리쳤다.

"이 자가 나사렛 예수와 함께 있었다!"

이에 베드로가 이번에는 더 큰 소리로 부인했다.

"내가 맹세코 그 사람을 알지 못하오!"

그러자 곁에 있던 무리가 다 같이 일어났다. 그들이 마치 달려들어 잡을 듯이 분위기가 험악해졌다. 그중의 하나가 나와 베드로에게 눈을 부릅뜨며 물었다.

"너의 말씨를 보아하니 갈릴리 말투임이 틀림없다. 분명 나사렛 예수의 무리 중의 하나가 아니더냐?"

베드로는 공포로 인해 사색이 되어버렸다.

"내가 맹세코 그를 알지 못하오. 제발 나를 놔두시오."

그렇게 세 번을 부인하고는 황급히 자리를 피해 도망쳐

나왔다. 얼마 동안을 달리다 보니 숨이 차올라 멈춰 섰다. 그는 나무를 잡고는 숨을 헐떡이고 있었다. 때마침 어디선가 새벽을 알리는 닭의 울음소리가 들렸다. 베드로는 그 소리를 듣자, 스승의 말이 떠올랐다.

'닭이 울기 전에 네가 나를 세 번 부인하리라.'

베드로는 그 자리에 털썩 주저앉고 말았다. 그러고는 가슴을 부둥켜안고 하염없이 울었다.

총독 빌라도

"총독님, 밖에 유대 관원들이 찾아왔습니다."

총독 빌라도는 문지기의 말에 눈살을 찌푸렸다.

'아침 댓바람부터 웬 불청객들인가?'

탐탁지 않았으나 옷을 챙겨 입고는 밖으로 나왔다. 나와 보니 이스라엘의 대제사장들과 따라온 무리 여럿이 낯선 젊은 사람 하나를 포박하여 둘러싸고 있었다.

"이른 아침부터 어인 일인가?"

빌라도가 묻자, 대제사장 가야바가 대답하였다.

"여기 우리가 잡아 온 자를 고발하오니 총독은 이자를 심문하여 처벌하기를 원하나이다."

"이자가 무슨 죄를 저질렀기에 고발한다는 말인가?"

"우리가 이 사람을 보니 백성을 미혹하고 로마에 세금 바치는 것을 금하며 자칭 메시아, 유대인의 왕이라 하더이다."

"그것이 사실이라면 저자를 데려다가 당신들의 법대로 재판하면 될 것이 아닌가?"

"허나 우리에게는 사람을 죽일 권한이 없나이다."

빌라도가 이스라엘에 부임한 지도 어느덧 5년이 넘었다. 하지만 지금까지도 이 나라를 이해할 수 없었다. 툭하면 여기저기서 못 살겠다고 반란을 일으켜 대고, 좀 조용하다 싶으면 로마가 신성모독을 했다고 시위를 해대곤 하니 말이다. 더욱 이해가 안 되는 것은 그렇게 여기저기서 소요를 벌여 나라가 어지러워도 백성을 쥐어짜서 돈만 벌려고 애쓰는 이스라엘의 기득권 세력의 행태였다.

빌라도는 이 모든 꼴이 하나같이 마음에 들지 않았다. 그래서 그는 난폭한 폭군이 되어 이스라엘을 다스리고 있었다. 특히 반란이라면 치가 떨렸기에 그는 국가 반역죄라고 하면 재판도 없이 바로 사형 선고를 내렸다.

하지만 그는 지금에 이 난리는 뭔가 다르다고 생각했다.

'꼴 보기 싫은 저 이스라엘 기득권 세력들이 탐욕으로 생사람 하나를 잡아 온 것이구먼.'

그는 어떻게든 이런 인간들과 엮이고 싶지 않았다. 그렇다고 이스라엘의 기득권 세력들을 무시할 수도 없는 노릇이었다.

빌라도는 포박당한 예수를 한참 쳐다보더니 마지못해 옆에 있는 부하에게 명령했다.

"저자를 안으로 데려와라. 내가 친히 심문하겠다."

총독의 부하들이 예수를 끌고는 청사 안으로 들어갔다.

예수의 앞에 선 빌라도가 물었다.

"자네가 진정 유대인의 왕인가?"

예수가 빌라도의 눈을 바라보며 차분한 목소리로 대답했다.

"그대의 말이 옳도다."

빌라도는 예수의 생김새와 말이 예사롭지 않음을 간파했다. 이 일에 끼어들고 싶지 않다는 생각이 더욱 강하게 들었다. 측근을 불러서는 예수가 어떤 인물인지 물어보았다. 예수에 대해서 듣고 나니 더더욱 이 일에 관여해서는 안 되겠다고 생각했다.

빌라도가 밖으로 나와 유대 무리에게 외쳤다.

"내가 친히 심문하여 보니 이 자는 죄가 없다."

그러자 무리 중의 하나가 강하게 반발하며 외쳤다.

"그자가 갈릴리서부터 온 유대에 걸쳐 백성을 미혹하고 다니는 아주 위험한 자입니다!"

빌라도는 갈릴리라는 말에 반색하며 물었다.

"이 자가 갈릴리 사람이던가?"

"그렇소."

"갈릴리는 안디바의 관할이 아니더냐? 그렇다면 안디바를 불러 그가 심문하라고 하라."

이 일에 발을 빼고 싶었던 빌라도는 예수가 갈릴리 사람이라는 말에 바로 안디바에게 떠넘겼다. 마침 안디바가 유월절을 보내려고 예루살렘에 있었다. 그는 예수의 소문을 꽤 많이 들어서, 한번 보고 싶던 차에 직접 심문하라 하니 반기며 달려왔다.

안디바는 예수를 보자 예전에 세례 요한에게 보였던 호기심 어린 표정을 다시 드러내며 물었다.

"내가 예전부터 자네의 소문을 들었네. 진짜 자네가 병든 자를 손만 대면 낫게 한단 말인가?"

예수는 아무런 대답을 하지 않았다. 안디바는 예수의 침묵에도 아랑곳하지 않고 호들갑을 떨었다.

"그러지 말고 한 번만 나에게 그 비술을 보여줘 보게. 내가 요즘 관절이 안 좋아서 밤마다 시큰거리거든. 이것 좀 낫게 해주면 내가 여기서 자네를 빼주겠네."

그렇게 한참 동안 안디바가 떼를 써 봤지만, 예수는 꿈쩍도 하지 않았다. 그러자 지쳤는지 시큰둥한 표정을 짓고는 나가 버렸다. 조금 후에 그가 군인들을 끌고 들어왔다. 예수에게 무시당했다고 생각한 안디바는 그때부터 치졸하게 굴기 시작했다. 군인들을 시켜서 예수의 머리를 때리라기도 하고 작대기로 몸을 치라기도 하며 괴롭혔다. 그것도 재미가 없었는지 비싼 은색 망토를 가져와서는 예수에게 입혔다.

"그래, 이제 이렇게 입혀놓으니, 유대의 왕 같아 보이는구나. 하하하!"

그렇게 예수를 온갖 장난으로 조롱하고는 결국에는 빌라도에게 다시 돌려보냈다.

어떻게든 예수를 정죄하는 일에 관여하고 싶지 않았던 빌라도였지만 상황이 묘하게 흘러갔다. 어느새 이른 아침에 모인 무리보다 더 많은 무리가 청사 앞에 몰려왔다.

빌라도의 측근이 몹시 불안한 표정을 지으며 말했다.

"총독님, 이러다가 저 인간들이 또 시위라도 벌일까 걱정되옵니다. 저 예수를 어떻게든 빨리 처리하셔야겠습니다."

그러자 빌라도는 일어나서 이스라엘의 무리에게 물었다.

"그대들의 뜻은 저 예수를 벌하기를 원하는 것인가?"

빌라도가 무리에게 묻자, 그들은 한목소리로 대답했다.

"그렇소!"

빌라도는 다시 그들에게 말했다.

"내가 그를 심문하여 보니 죄를 지은 것이 없다. 그러나 그대들이 그를 벌하기를 원하니 대신 그의 옷을 벗기고 채찍질하여 벌하겠노라. 그 정도면 되지 않겠는가?"

그렇게 일방적으로 말하고는 예수를 부하들에게 데려가게 했다.

군인들이 예수의 옷을 벗기고 채찍질했다. 채찍질로 인해 예수의 등가죽이 찢어지고 피범벅이 되었다. 빌라도는 부하들을 시켜 예수를 최대한 우스꽝스럽고 비참한 모습으로 만들게 했다. 군인들이 예수의 머리에 가시나무로 엮은 면류관을 씌우고 몸에는 빨간 망토를 둘러씌웠다. 그러고는 사람들 앞에 예수의 몰골을 보이게 했다.

"봐라. 저것이 자칭 메시아라는 자의 모습이다. 저 볼품없는 자의 모습 어디에서 왕의 기운을 느낄 수 있는가? 매질도 했으니 이제 이자를 풀어주자."

그러자 모인 무리가 한참 자기들끼리 웅성웅성하기만 할 뿐 뭐라고 말을 못 했다. 빌라도는 이제 다 끝났다고 생각하고 돌아서서 들어가려고 했다.

그때 갑자기 누군가가 큰 소리로 외쳤다.

"아니 되오. 우리는 십자가형을 원하오!"

그러자 다른 이들도 덩달아 외치기 시작했다.

"저자를 십자가에 매달아 주시오!"

군중의 요구가 거세지자, 빌라도는 더 이상 그들에게 말하기를 단념했다. 달리 방도가 없던 빌라도는 부하들에게 물었다.

"너희는 이 문제를 어떻게 했으면 하는가?"

"저들의 요구대로 예수를 십자가에 매다시는 게 좋을 듯합니다."

부하 하나가 그렇게 대답하자 또 다른 부하가 대답했다.

"제 생각에는 반란죄로 잡아 온 바라바를 이용하시는 게 어떠실지요?"

빌라도가 그 말에 눈을 번쩍 뜨며 물었다.

"바라바? 바라바는 반란죄로 이미 십자가 처형 선고가 내려진 놈 아니더냐?"

"그렇습니다. 그자와 예수 중에 하나를 선택하라고 하시는 것입니다."

"바라바는 반란을 일으키고 많은 사람을 죽인 자인데, 아무리 예수가 미워도 저리 흉악한 바라바를 살려달라 하겠는가?"

"그렇습니다. 저들이 바라바를 살리고 예수를 처형시키라는 바보 같은 짓은 안 할 테니, 그렇게 되면 총독님은 이 일에서 발을 뺄 수 있을 것입니다."

빌라도는 부하의 묘수가 마음에 들어 바로 일어나서는 다시 군중들 앞에 나섰다. 그는 예수와 바라바를 둘 다 세워놓고는 군중을 향해 외쳤다.

"이스라엘 백성이여, 잘 들어라. 지금부터 나는 이스라엘의 최대 명절인 유월절을 맞이하여 총독으로서 그대들에게 관용을 베풀고자 한다. 여기 반란을 일으켜 사람을 여럿 죽인 흉악한 바라바가 있다. 그리고 자칭 메시아라 하는 예수가 있다. 이 둘 중의 하나를 살리고 하나를 십자가에 매달 것이다. 이스라엘 백성이여, 그대들이 선택하라!"

그 소리에 모인 군중이 서로의 얼굴만 쳐다보며 어리둥절하고 있었다. 차마 입 밖으로 예수를 죽이라는 말을 더 이상 할 수 없었다. 예수를 죽이라는 것은 결국 바라바를 살리라는 말이 되기 때문이었다. 그것은 양심상 있을 수 없는 일이었다. 군중들이 이렇게 머뭇거리고 있을 때 가야바가 대제사장들과 장로들에게 오만상을 찡그리고 험한 표정을 짓더니 손짓으로 무언가를 빨리하라고 재촉했다. 그러자 그들 중의 하나가 소리치기 시작했다.

"바라바를 살리고 예수를 죽이시오! 바라바를 살리고 예수를 죽이시오!"

그 소리와 함께 모였던 사람들의 양심은 순간 사라지고 군중은 한목소리가 되었다.

"바라바를 살리고 예수를 죽이시오!"

"바라바를 살리고 예수를 죽이시오!"

"바라바를 살리고 예수를 죽이시오!"

빌라도는 고개를 절레절레 저으며 체념하고는 돌아서더니 부하에게 명령했다.

"물을 가져오라."

그는 물에 손을 씻더니 군중에게 외쳤다.

"이스라엘 백성이여, 잘 들어라. 그대들이 죽여달라는 이자의 피에 대해서 나는 무죄하다. 그러니 그 피의 죗값은 이스라엘이 받을 것이다."

그러자 그들 중의 하나가 크게 외쳤다.

"그 피를 우리와 우리 자손에게 돌릴지어다!"

그렇게 외치자, 모두가 호응하며 "옳소!"라고 외쳤다.

예수의 십자가

결국 유대인들의 뜻대로 예수에게 십자가 처형이 선고되었다.

예수는 처형장인 골고다 언덕까지 자신이 매달릴 형틀을 짊어지고 걸어갔다. 그는 지난밤에 겟세마네 동산에 올라가서 피땀 눈물의 기도를 올리고 난 후 지금껏 한잠도 자지 못했다. 또한 아무것도 먹지 못하고 계속된 심문과 매질로 온몸이 녹초가 되었다. 그런 몸으로 무거운 형틀까지 끌고 언덕을 한 걸음 한 걸음 가고 있노라니 현기증이 일어났다. 결국 체력이 고갈되어 그 자리에 쓰러지고 말았다.

"어서 일어나지 못해!"

뒤따르던 로마 군인 하나가 채찍질했다.

예수는 다시 일어나서 형틀을 짊어지고 걷기 시작했다.

거리에는 백성이 몰려나와 이 광경을 지켜보고 있었다. 머리에는 가시 면류관을 쓰고 몸에는 빨간 망토를 두른 채 십자가 형틀을 짊어지고 가는 것이 우스꽝스러웠는지 깔깔대며 웃고 조롱하는 이들도 있었다. 하지만 그들 틈에서 눈물을 보이고 우는 여인네들도 있었다. 예수는 그들을 알아봤다. 하지만 아무 말을 할 수 없었다. 그저 묵묵히 발걸음을 재촉할 뿐이었다.

얼마 못 가 또다시 예수는 길에 쓰러지고 말았다. 로마 군인이 다시 채찍질하려고 하자 뒤에서 말을 타고 오던 상관이 소리쳤다.

"저자의 형틀을 다른 이에게 지고 가게 하라!"

그러자 채찍을 들었던 로마 군인이 두리번거렸다.

"어이, 당신! 이 사람의 형틀을 대신 짊어지고 가라!"

그는 덩치 큰 남정네 하나를 지목했다.

"저, 저요?"

남정네는 멋쩍은 표정을 짓더니 예수에게 다가왔다. 쓰

러져 있는 예수를 손으로 일으켜 세우고는 바닥에 널브러진 형틀을 어깨에 멨다.

"고맙소, 이름이 무엇이오?"

예수는 그의 호의에 감사한 마음으로 물었다.

"구레네에 사는 시몬이라 합니다."

"시몬, 감사하오. 당신의 은혜는 잊지 않으리다."

구레네 시몬이 형틀을 지고 골고다 언덕에 거의 도착하였다. 그는 형틀을 바닥에 내려놓고 예수를 보며 마지막 인사를 나눴다.

"이제 저는 가야 할 것 같습니다. 부디 좋은 곳으로 가시기를 바랍니다."

그렇게 말하고 뒤돌아서 멀리 사라졌다.

그날 골고다 언덕에는 예수만 십자가형을 받는 것이 아니었다. 이미 다른 두 명이 십자가에 매달려 있었다. 예수는 이제 막 마지막으로 도착하였고 십자가에 매달려야 했다.

"뭣들 하느냐! 어서 저자를 형틀에 매달아라."

로마 군인 하나가 소리쳤다. 그러자 군인 몇몇이 예수의 망토를 벗기고는 형틀에 뉘었다.

그들은 예수의 양쪽 팔을 형틀에 갖다 댄 후에 손목에 대못을 박았다. 망치 소리가 날 때마다 살 속으로 파고드는 못의 고통을 느끼며 예수는 괴로움에 신음했다.

로마 군인 하나가 죄목을 쓴 패를 가져와 십자가 맨 위에 대고 못을 박았다.

패에 쓰인 죄목은 '유대인의 왕'이었다.

드디어 예수의 십자가가 들어 올려지기 시작했다. 강도 살인의 죄목으로 십자가형을 받은 두 명의 죄수 사이에 예수의 십자가가 들어 올려졌다. 이때가 오전 9시쯤이었다.

언덕에 올라온 이들이 예수의 십자가를 바라봤다. 추종 자들은 눈물을 흘리며 흐느꼈고, 반대 세력들은 조롱과 멸시의 눈으로 쳐다봤다.

천천히 뒤따라 올라온 가야바의 무리가 이제 막 십자가가 올려진 것을 보았다. 가야바는 예수의 머리 위에 쓰인 팻말을 보자 오만상을 찡그렸다.

"아니… 저게 무슨 말인가? 유대인의 왕이라니…."

그때 마침 빌라도가 막 도착했다. 가야바가 빌라도에게 다가가 항의했다.

"총독, 저자의 죄목을 유대인의 왕이라고 하는 것은 옳지 않습니다. '자칭 유대인의 왕'이라고 바꿔 달아주시기를 바랍니다."

가야바의 말에 빌라도가 미간을 찌푸렸다.

"이젠 그만하게. 나는 할 만큼 했네."

빌라도는 퉁명스럽게 내뱉고는 자리를 떠났다.

"유대인의 왕이라고? 메시아라고? 그렇다면 어디 한번 그 십자가에서 내려와 봐라."

서기관과 함께 모인 무리가 예수를 향해 조롱하였다.

"저자가 다른 사람은 구원하였으되 자기는 구원하지 못하는구나!"

누군가가 큰 소리로 비웃자, 곁에 있던 무리가 다들 히죽히죽 웃어댔다.

예수가 고통 속에 신음하면서 그들을 바라봤다. 그는 아무것도 모르고 히죽대는 저들이 훗날 얼마나 후회하고 고통을 받을지 잘 알고 있었다. 그는 그들을 위해 기도했다.

"아버지여, 저들은 지금 무슨 짓을 하는지 아무것도 모르옵니다. 저들을 용서하여 주시옵소서...."

그렇게 히죽대던 무리가 뒤돌아서 돌아가자, 예수를 따르던 여인네들이 예수 앞에 다가와 흐느껴 울었다. 예수는 숨을 몰아쉬며 그들을 향해 천천히 말하였다.

"예루살렘의 딸들아, 나를 위하여 울지 말고 너희와 너희 자녀를 위하여 울라."

그러자 여인네들이 가슴을 움켜쥐며 더욱 흐느껴 울었

다.

이 모든 장면을 지켜보던 왼쪽에 매달린 강도가 못마땅한 듯 예수를 향해 비아냥거렸다.

"이보시오. 당신은 메시아라고 하지 않았소? 저들을 위해 기도할 것이 아니라 매달린 당신과 우리부터 구원하시오."

그러자 오른편 강도가 왼편 강도를 향해 소리쳤다.

"너는 어찌 그런 말을 하느냐? 우리야 지을 죄를 지어서 이렇게 매달렸지만, 이분은 옳은 일을 하다가 이리된 것이 아니냐?"

그러고는 예수를 보며 조용히 말했다.

"선생님, 당신의 나라에 임하실 때 저를 기억하여 주소서."

예수가 그를 향해 옅은 미소를 보이며 말했다.

"그대가 나와 함께 낙원에 가리라."

시간이 얼마나 흘렀을까, 이제 예수의 육신은 다 타버린 촛불처럼 희미한 빛을 내고 있었다.

천상으로 가야 할 시간이 다가왔음을 느낀 예수는 마지막 남은 힘을 다해 소리쳤다.

"아버지, 내 영혼을 아버지 손에 부탁하나이다!"

그렇게 소리를 지르고는 숨을 거두었다. 이때가 오후 3시쯤이었다. 예수의 나이 33세였다.

그가 숨을 거두자 갑자기 먹구름이 몰려와 주위가 어두워지고 땅이 흔들렸다. 또한 예루살렘 성전에는 지금까지 잘 걸려있던 거대한 휘장이 느닷없이 위에서부터 아래로 마치 칼로 벤 듯이 둘로 갈라졌다. 이를 지켜봤던 목격자들이 '예수가 정말 하늘의 아들인가?' 하는 생각으로 두려워했다.

예수의 장례

아리마대 요셉은 마음이 바빴다.

'내일은 안식일이라 빨리 시신을 안치하지 않으면 큰 낭패로다.'

이스라엘의 안식일은 일을 놓고 쉬어야만 하는 날이었다. 이날을 엄격하게 지켰기 때문에 모든 일을 안식일 전에 해야만 했다. 더군다나 이스라엘에서 다음날이란 전날 해가 지는 때부터였다. 따라서 오늘 해가 지기 전에 일을 끝내야만 하는 것이었다. 이제 3시간 정도밖에 남지 않았다.

아리마대 요셉은 예수가 눈을 감는 것을 확인하자마자 빌라도의 집무실로 달려갔다.

"총독님, 산헤드린 공의회 의원 중에 하나라는 사람이 찾아왔습니다."

문지기의 말에 빌라도가 시큰둥한 표정을 지으며 혼잣말로 "또 무슨 일인가?"하고 말하더니 문지기에게 "들라 하라."라고 대답했다.

아리마대 요셉이 얼굴에 땀을 흘리며 들어왔다.

빌라도가 아리마대의 요셉을 쳐다보며 물었다.

"무슨 일로 나를 보자는 건가?"

"예수가 죽었으니 그 시신을 매장할 수 있도록 내어 주시오."

"그래? 예수가 벌써 죽었단 말인가?"

보통은 사람이 십자가에 매달리면 하루 이상 지나야 숨이 끊어졌는데 벌써 예수가 죽었다는 말에 빌라도는 의심 어린 눈빛으로 아리마대 요셉을 쳐다보았다.

"그런데 그대는 예수와 어떤 관계이길래 시신을 내달라고 하는 것인가?"

"나는 그의 제자입니다."

"제자라고? 유대 관원 중에도 그를 따르는 제자가 있단 말인가?"

"그렇소. 많지는 않지만, 몇 명 되오."

그러자 빌라도가 부하를 손짓하여 가까이 오게 했다.

"너는 지금 바로 언덕으로 올라가서 예수가 죽었는지 확인한 후에 나에게 알려라."

그렇게 부하에게 명령하고는 아리마대 요셉을 쳐다보며 말하였다.

"시신을 내주더라도 확인하고 줄 터이니 잠시만 기다리게."

아리마대 요셉은 시간이 얼마 남지 않았기 때문에 한시라도 빨리 빌라도가 예수의 시신을 내어주기를 바라며 초조하게 기다리고 있었다.

얼마 후 군인 하나가 들어와서 빌라도에게 보고를 올렸다.

"총독님, 강도 둘은 아직 숨이 붙어있고, 예수는 이미 죽었는지 머리를 떨군 채 숨을 쉬지 않습니다."

"그래? 그러면 이 사람과 같이 올라가서 죽은 것을 최종적으로 확인하고, 내려서 이 사람에게 내어 주어라."

"총독님, 다른 두 명은 어찌하면 좋을까요?"

"그자들은 숨이 붙어있다 하지 않았느냐? 그냥 죽게 내버려두면 될 거 아니냐?"

"그게... 유대 관원들이 내일은 안식일이라 십자가에 시체가 매달려 있으면 불경하다고 빨리 보이지 않는 곳으로 치워달라고 난리입니다."

"그래? 그렇다면 그 둘은 다리를 꺾어 빨리 죽게 하고 그 시체는 보이지 않는 곳으로 치워놓아라."

아리마대 요셉이 다시 군인들과 함께 골고다 언덕으로 달려왔다. 군인 하나가 죽음을 확인하기 위해 예수의 옆구리에 창을 찔렀다. 옆구리에서 피와 물이 흘러나왔다. 예수는 고개를 떨군 채 아무 미동이 없었다. 이로써 그의 죽음을 최종적으로 확인한 군인은 부하들에게 명령했다.

"시체를 내려라."

예수의 시신이 내려지자, 끝까지 자리를 지키고 있던 막달라 마리아와 예수의 어머니 마리아 그리고 살로메, 이렇게 3명의 여인네가 달려왔다. 그들은 시신이 내려지는 것을 눈물을 흘리며 지켜보았다. 군인 2명이 예수의 시신을 내려서 수레에 싣고는 아리마대 요셉이 인도하는 동굴 무덤으로 향했다.

아리마대 요셉은 며칠 전부터 예수의 장례를 준비하고 있었다. 그는 예수가 자신의 장례를 준비하라는 말을 듣고 난 후 집에 돌아와서는 그가 가장 신임하는 종, 시몬을 불렀다.

"시몬, 지금부터 네가 해야 할 중요한 일을 알려주겠다. 이 일은 은밀히 해야 하는 것이니 눈에 띄지 않게 잘해야 할 것이다."

"주인님 분부라면 무엇이든지 하겠습니다. 말씀만 내려주소서."

"너는 골고다 언덕 근처에 아무도 사용한 적 없는 무덤을 알아보아라. 가격이 얼마가 돼도 상관없으니 적당한 무덤이 나오면 나에게 알려라."

"주인님, 골고다 언덕이면 로마가 죄인들을 처형하고는 아무렇게나 묻어서 일대가 해골 밭이라고 하던데 그 근처에 괜찮은 무덤이 있을까요?"

"그러니, 빨리 알아봐야 하느니라."

다행히도 누군가가 소유한 채 한 번도 사용하지 않은 무덤이 있었다.

'정말 이 무덤을 사용해야 한다는 말인가? 제발 그런 일은 일어나지 않았으면 좋겠구나.'

아리마대 요셉이 그렇게 생각했지만 결국 이 무덤에 선생의 시신을 안치하게 되었다.

군인들이 일을 마치고 돌아갔다. 해는 이미 서서히 지려고 하였다.

아리마대 요셉은 초조하게 누군가를 기다리고 있었다.

"주인님, 시간이 없습니다. 빨리 돌아가야 합니다."

"잠시만 기다려라. 시신을 싸기 전에 향유를 발라야 하지 않겠느냐?"

그때 마침 니고데모가 하인 하나를 데리고 무덤으로 들어왔다. 그들이 각자 손에 단지 하나씩을 들고 왔다. 그들이 가져온 것은 시신에 바를 향유 단지들이었다.

"미안하네. 장안에 있는 향유를 다 긁어모으느라 늦었네."

니고데모는 그동안 하인들을 시켜 몰약과 침향을 있는 대로 사들였다. 사들인 양이 무려 백 근이 넘었으며 그 정도의 양은 거의 집 한 채 가격과 맞먹었다. 니고데모는 그것들을 집에다 모셔놓고 오늘 쓸 향유만 따로 하인과 같이 들고 왔다.

모인 4명이 달라붙어서 예수의 몸에 향유를 붓고 발랐다. 그러고는 준비해 간 세마포라는 고급 천을 꺼내서 그의 종 시몬과 함께 시신의 몸을 쌌고 머리는 수건으로 꼭 싸맸다.

"이 정도만 하면 되겠네. 지금은 시간이 없으니, 나중에 와서 제대로 하도록 하고 빨리 나가세."

아리마대 요셉의 말을 따라 다들 밖으로 나왔다. 아리마대 요셉과 니고데모의 종들이 큰 바위를 굴려 입구를 막았다. 아리마대 요셉이 여인네들을 향해 말했다.

"이제 선생님의 시신을 잘 안치하였으니 돌아들 가셔서 편히 주무시기를 바랍니다."

막달라 마리아와 여인네들은 발길이 떨어지지 않았으나 어쩔 수 없이 돌아서 내려갔다.

아리마대 요셉이 흘러내리는 땀을 닦으며 니고데모에게 말했다.

"니고데모, 이제 한시름 놨네. 집에 가서 좀 쉬었다가 밤이 깊어지면 그때 다시 오기로 하세."

"그러세."

아리마대 요셉과 니고데모는 며칠 전부터 세웠던 계획을 실행하려고 했다. 그것은 아무도 모르는 곳으로 시신을 옮기는 것이었다. 그들은 모두가 잠든 깊은 밤에 이 일을 완수하려 했다.

사라진 시신

    아리마대 요셉 일행이 내려가려 하자 멀리서 대여섯 명의 무리가 올라오고 있었다. 아리마대 요셉이 뭔가 수상함을 알아채고는 일행에게 손짓하여 나무 덤불 속으로 숨게 했다. 올라오던 무리는 예수의 무덤 앞에 오더니 멈춰 서고는 자기들끼리 얘기하기 시작했다.

    "여기가 예수의 무덤인 것 같은데?"

    "그런 거 같소. 이 주변에 번듯한 무덤이라고는 저거밖에 더 있소?"

"그러면 바위를 살짝 밀어서 몸이 제일 작은 막내가 들여다보거라."

"제가요? 형님들이 하시지, 무섭게 왜 저를 시켜요?"

그러자 다른 사람들이 눈을 부라리며 막내를 노려보더니 그중 하나가 냅다 소리를 질렀다.

"어서 안 들어갈 거냐!"

한 사람 겨우 들어갈 정도로 밀어 놓은 바위틈으로 막내가 상체만 수그려서 안을 들여다보고는 바로 몸을 뺐다.

"맞습니다. 여기에 금방 갖다 놓은 시체가 있습니다. 분명 예수의 무덤인 것 같습니다."

"그래? 그러면 여기서 날이 밝을 때까지 죽치고 앉아보자꾸나."

바위를 제자리로 놓고는 다들 자리를 깔고 앉았다.

"도대체가 죽은 시체를 누가 가져간다고 여기를 지키라는 거요?"

무리 중 하나가 푸념을 늘어놓자 다른 하나가 대답했다.

"아, 글쎄. 예수 추종자들이 시체를 훔쳐 가 놓고 나중에 시체가 사라졌으니 살아났다고 동네방네 소문을 낼지 모른다고 그러잖나."

"형님은 그걸 믿소? 시체가 어찌 다시 살아난답니까?"

"나야 믿지 않지만, 가야바 대제사장님은 사람들이 예수의 부활을 믿을까 두려운 거겠지."

무리 중의 하나가 허리춤에 찬 술을 꺼내 들고는 말했다.

"형님, 바삐 오느라 먹은 것도 변변찮은데 술이나 한잔합시다."

그렇게 말하자 다들 각자 허리춤에 찬 술을 꺼내서 마시기 시작했다.

아리마대 요셉 일행은 모든 것을 엿듣고 난 후 고개를 돌려 그들이 보이지 않는 곳까지 내려왔다.

"요셉, 저렇게 사람을 보내어 무덤을 지키고 있으니 어떻게 하면 좋겠나?"

니고데모가 걱정스러운 눈빛으로 아리마대 요셉을 쳐다보았다.

"니고데모, 저자들이 술을 먹었으니 어차피 밤이 깊으면 다 잘 것이네."

"하지만 저 정도 마시고 곯아떨어지겠나?"

니고데모의 말을 듣자, 아리마대 요셉은 그의 종에게 명령했다.

"시몬, 너는 얼른 집으로 가서 음식과 술을 가져다가 저들에게 갖다주며, 대제사장이 보낸 음식이라고 하거라. 그리고 술은 집에서 가장 독한 것으로만 최대한 많이 가져오너라."

그의 명령을 따라 시몬이 무덤을 지키는 무리에게 음식과 술을 대접하였다. 그들이 고맙게 받아서는 밤새도록 먹고 마셨다.

"아니, 대제사장은 무덤을 지키라고 해놓고는 뭔 놈의 술은 이리도 독한 것을 보내왔더냐?"

"그러게 말이요. 이거 엄청나게 센 술이네요. 헌데 맛은 좋구먼요. 하하하."

무리들이 시시덕거리더니 새벽이 되자 다들 곯아떨어져 깊은 잠이 들었다. 잠시 후 아리마대 요셉 일행이 그들이 깨지 않도록 발소리를 죽여가며 바삐 움직이기 시작했다. 바위를 밀어서 통로를 확보한 다음 준비해 온 관을 들고는 무덤으로 들어갔다.

아리마대 요셉이 세마포 천을 벗겨보더니 표정이 일그러졌다.

"니고데모, 큰일이네. 저들 때문에 시간이 지체되는 바람에 시신이 부패하는 것 같네. 안 되겠네. 세마포를 다 벗기고 다시 향유를 부어야겠네."

그들이 시신을 쌌던 천을 다 벗기고 관 안에 새 천을 깐 후에 시신을 들어서 놓았다. 그러고는 향유를 넉넉히 붓고 관 속에 깐 천으로 꽁꽁 싸맸다. 관 뚜껑을 덮고는 밧줄을 매어 4명이 들고 나왔다. 그들이 무덤 앞에 자고 있던 무리가 깨지 않게 하려고 최대한 살금살금 발걸음을 내디뎠다. 그들의 등줄기에서 땀이 흘러내렸다.

그때였다. 니고데모가 발을 헛디뎌 미끄러지고 말았다. 순간 "앗!" 하는 소리를 지르고 말았다. 다행히 나머지 3명이 안간힘을 써서 관을 떨어뜨리지 않았지만, 무덤을 지키던 무리 중 하나가 잠결에 소리를 들었는지 벌떡 일어났다. 아리마대 요셉 일행은 순간 놀라서 숨이 멎었다. 다들 '이제 죽었구나.' 하는 생각에 눈을 꼭 감았다. 그런데 갑자기 일어났던 자가 뭐라고 잠꼬대하더니 이내 쓰러져 코를 골았다. 아리마대 요셉 일행은 가슴을 쓸어내리며 안도의 한숨을 쉬고는 관을 맨 채 황급히 자리를 피했다.

아리마대 요셉은 미리 준비한 마차에 스승의 관을 올려놓았다. 니고데모가 잔뜩 사들인 향유 단지도 한쪽에 잘 실었다.

"니고데모, 여기서부터는 나와 시몬 단둘이 갈 것이네. 자네마저 사라지면 대제사장이 의심할 터이니 자네는 남아서 뒷일을 잘 정리하시게."

"알겠네. 요셉, 향유는 40일 이상도 사용할 만큼 충분하니 시신이 썩지 않게 잘 사용하게나."

"알았네. 니고데모, 걱정하지 말게나."

그렇게 동이 트기 전 어둠 속에 작은 마차가 아리마대를 향해 달려가고 있었다.

아침이 되자 무리 중 하나가 일어나서 몸이 추웠는지 부르르 떨었다. 무심코 무덤을 봤는데 뭔가 이상한 듯 갸우뚱거렸다. 바위가 밀려져 있고 무덤이 훤히 들여다보였다.

'우리가 지난밤에 바위를 밀어놨었나?'

그가 이상하다 생각하며 무덤 가까이 가서 안을 들여다보았다.

그가 깜짝 놀라 소리를 질렀다.

"형님들, 큰일났소!"

그들이 다 깨어나더니 이 사태를 깨달았다. 무리 중 우두머리가 분노하며 주먹을 쥐었다.

"어젯밤에 우리에게 술을 먹인 놈이 가져간 것이 틀림없다. 이놈을 찾아서 작살을 내야겠다."

그러자 다른 자가 그를 말렸다.

"형님, 지금 그놈이 중요한 게 아니오. 우리가 술 먹고 잔 것을 알면 대제사장이 우리를 가만히 놔두겠소?"

"그러면 어떻게 한단 말이냐?"

"대제사장에게 가서 밤새워 지켰는데 시체가 사라졌다고 합시다."

"아니, 그것을 믿겠느냐?"

"예수가 그전에도 도술을 잘 부렸다고 하니 이번에도 도술을 부렸다고 하면 되지 않겠소?"

결국 그들이 대제사장 가야바 앞에 나가 예수가 도술을 부려서 사라졌다고 보고했다. 그러자 가야바가 아무 말 없이 돈궤에서 동전 한 뭉치를 꺼내 그들의 우두머리에게 쥐여 주었다. 우두머리가 많은 돈에 어리둥절 하자, 가야바가 그들을 노려보며 말했다.

"내 말을 명심하라. 너희는 사람들이 묻거든 예수의 제자들이 너희가 잘 때 시신을 도둑질하여 갔다고 하라. 사람들에게 그가 기적을 일으켜서 사라졌다는 말은 절대 해서는 안 되느니라. 알겠느냐?"

"네, 알겠습니다."

무리가 많은 돈에 감사하여 연신 인사를 하며 돌아서 나왔다.

예수의 부활

   안식일이 지나자 막달라 마리아와 예수의 어머니 그리고 살로메, 이렇게 3명의 여인네가 시신에 바를 향유를 준비하여 무덤으로 올라오고 있었다. 예수의 어머니 마리아는 근심 어린 표정으로 말했다.

   "무덤을 막고 있는 바위를 밀어달라고 해야 하는데 거기 누가 있으려나 모르겠구나."

   막상 올라와 보니 무덤을 막고 있던 바위는 밀어져 있었고 무덤 안에는 시신도 보이지 않았다.

"이게 무슨 일이냐? 시신이 어디로 갔단 말이냐?"

예수의 어머니 마리아가 혼비백산하여 그 자리에 주저앉았다. 막달라 마리아와 살로메도 어안이 벙벙하여 무덤 안을 두리번거렸다. 막달라 마리아는 한쪽에 놓인 세마포와 수건을 보고는 생각했다.

'누가 세마포와 수건은 놔두고 시신만 가져갔단 말인가?'

그들이 그 자리에서 당황하여 어쩔 줄 모르고 있을 때였다. 그들의 눈앞에 빛이 내려오는 환상이 보이더니 이내 휘황찬란한 옷을 입은 2명의 천사가 나타났다.

여인네들이 두려워 모두가 땅에 얼굴을 대고 엎드렸다. 2명의 천사가 동시에 마치 한 사람처럼 말하기 시작했다.

"어찌하여 살아있는 자를 죽은 자 가운데서 찾느냐? 여기 계시지 않고 살아나셨느니라."

그렇게 말하고는 아무 말이 없길래 여인네들이 머리를 들어 위를 쳐다보니 아무도 없었다.

막달라 마리아가 제자들이 묶고 있던 숙소로 달려갔다.

문을 두드리자, 제자 중 하나가 문은 열지 않고 "누구시오?" 하고 물었다. 그러자 막달라 마리아가 "저예요, 마리아."라고 작은 목소리로 대답했다. 그러자 안에서 누군가가 문을 열어 막달라 마리아를 들여보내고 재빨리 문을 닫으며 잔소리를 쏟아냈다.

"지금 유대인들이 혈안이 되어서 우리를 잡으려 달려들지도 모르는데 너는 어찌 이렇게 나다니는 것이냐?"

막달라 마리아는 그의 말을 들은 척도 않고는 황급히 집 안으로 들어가더니 제자들을 향해 큰 소리로 말했다.

"선생님이 살아나셨어요!"

마침 제자들은 모여서 앞으로 어떻게 할지 의논 중이었다. 그런데 이 무슨 소리인가 하고 다들 당황하여 막달라 마리아 얼굴만 쳐다보았다. 베드로가 앞으로 나오더니 물었다.

"그 말이 사실이냐? 선생님이 살아나셨단 말이냐?"

"맞아요. 제가 다른 여인네들과 무덤을 갔는데 시신은 사라졌었고, 천사가 나타나 선생님은 살아나셔서 이미 떠났다고 했습니다."

제자들이 막달라 마리아의 말에 다들 고개를 저으며 믿을 수 없다는 표정을 지었다.

"내가 직접 가서 확인해 봐야겠다. 요한, 나와 함께 가서 확인해 보자."

베드로와 요한이 달려가 무덤을 살펴보니 막달라 마리아의 말대로 시신이 보이지 않았다. 돌아와 이 사실을 다른 제자들에게 말했지만, 여전히 제자들은 선생이 살아났다는 것을 믿지 못했다.

그날 저녁에 제자들이 다시 모였다.

베드로가 문을 지키고 있었던 요한에게 물었다.

"요한, 문은 잘 잠갔느냐?"

"네, 잘 잠갔으니 염려 마세요."

베드로가 제자들의 수심이 가득한 얼굴을 보며 입을 열었다.

"선생이 전에도 말씀하시길 선생이 돌아가시고 3일 만에 부활한다고 하셨는데 그 말이 사실로 드러났다. 그러니 우리가 이를 받아들여야 하지 않겠는가?"

그러자 제자들이 웅성거리더니 그중 하나가 의심의 표정으로 물었다.

"십자가 앞에 있던 막달라 마리아와 요한이 말하길, 선생의 숨이 끊어지자 로마군이 창으로 옆구리를 찔러 피까지 흘렸다고 하지 않았소? 그렇게 선생이 죽은 것을 확인까지 했는데 3일이나 지난 후에 그 육신이 되살아났다는 말이요? 그걸 우리가 믿을 수 있소?"

그러자 베드로가 대답했다.

"시신이 사라졌다 하지 않느냐? 천사가 나타나 분명 살아서 나가셨다고도 하지 않느냐?"

"그래요. 선생이 살아서 나갔다고 칩시다. 그러면 어디에 계시는 거요? 우리에게 나타나셔야 우리가 믿든지 말든지 할 거 아니요?"

베드로는 아무 대답을 하지 못했다. 그렇게 서로 웅성거리며 자기들끼리 언쟁을 벌이고 있을 때였다.

"너희에게 평안이 있을지어다!"

갑자기 누군가가 들어오며 큰 목소리로 외쳤다. 모두가 고개를 돌려 소리가 들린 방향을 바라보니 그곳에 스승이 서 있었다.

모두가 눈이 휘둥그레졌다. 너무 놀라 어떤 이는 자리에 풀썩 주저앉았고 어떤 이는 뒤로 자빠져 버렸다. 예수가 앞으로 나오더니 그 모습을 확실히 드러내며 제자들에게 호통을 쳤다.

"너희는 어찌하여 아직도 두려움에 떨고 어찌하여 마음에 의심을 품고 있느냐?"

아직도 믿어지지 않는지 몇몇 제자는 선생을 뚫어지게 쳐다보았다.

예수는 제자들을 둘러보며 말했다.

"나는 너희가 눈으로 보고 있듯이 정녕 살아있노라. 내가 너희와 함께 있을 때 너희에게 말한바 곧 모세의 율법과 선지자의 글과 시편에 나를 가리켜 기록된 모든 것이 이루어져야 하리라 한 말이 이것이라.”

예수의 말을 듣자, 제자들의 표정이 사뭇 달라졌다. 의심하는 눈빛은 사라지고 이제는 예수의 부활을 확신하는 듯 눈을 동그랗게 뜨고 스승의 말씀을 한마디도 놓치지 않으려고 애썼다.

예수는 계속 말을 이어 갔다.

“내가 아직 아버지에게 올라가지 않고 지상에 머무는 이유는 너희에게 줄 계명 때문이다. 이제 너희가 내 이름으로 기적을 행할 것이며 손만 얹어도 병든 사람을 고칠 수 있는 권능을 갖게 될 것이다. 너희가 나를 믿고 그 권능을 행하면 세상 만민이 너희를 환영하고 말씀이 땅끝까지 전파될 것이다. 너희는 온 천하를 다니며 만민에게 말씀을 전하라. 너희가 그렇게 하겠느냐?”

그러자 제자들이 주먹을 불끈 쥐며 한목소리로 대답했다.

“네! 그렇게 하겠나이다.”

그러자 예수는 뒤돌아서 나가버렸다. 요한이 뒤따라갔지만, 문은 닫힌 그대로인데 예수는 이미 사라지고 보이지 않았다.

또다시 새로운 출발

예수는 40일 동안 때때로 제자들에게 나타나 자기가 살아있다는 확실한 증거를 보여주며 제자들의 믿음이 사라지지 않도록 독려했다.

어느 날 예수는 제자들이 모인 자리에서 말했다.

"너희는 예루살렘을 떠나지 말고 내가 전에 말한 대로 아버지의 약속을 기다려라. 세례 요한은 물로 세례를 주었으나 너희는 오래지 않아 성령으로 세례를 받으리라."

그 후 예수가 다시 나타났을 때 제자들이 예수에게 물었다.

"선생님, 이스라엘 나라를 다시 세우실 때가 지금입니까?"

"그때와 그날은 아버지께서 아버지의 권한으로 정하신 것이니 너희가 알지 못할 것이다. 그러나 성령이 너희에게 임하시면 너희가 권능을 받고 온 이스라엘과 땅끝까지 이르러 내 증인이 되리라."

예수가 이 말을 하고는 제자들이 지켜보는 가운데 들려 올라가더니 구름에 가려 다시는 보이지 않았다. 예수가 올라갈 때 제자들이 자세히 하늘을 쳐다보고 있는데 갑자기 흰 옷 입은 두 사람이 그들 곁에 서서 말하였다.

"갈릴리 사람들아, 왜 서서 하늘을 쳐다보느냐? 너희를 떠나서 하늘로 올라가신 선생은 너희가 본 그대로 다시 오실 것이다."

천상으로 예수가 올라가자, 수천의 천사가 길에 나와 엎드려 경배하며 영접하였다. 예수는 천사들의 안내를 받으며 신이 살고 있는 궁에 입궁하였다.

예수는 궁에 들어서자 "아버지!" 외치며 엎드려 경배를 올렸다. 예수를 보자마자 신이 달려 나와 예수를 안아 일으켰다.

"예수야, 그동안 수고 많았다. 아버지를 위해 행한 모든 것을 내가 기억하고 있느니라."

그러자 예수가 눈물을 흘리며 대답했다.

"아버지, 죄송하옵니다. 뜻을 다 이루지 못하여 또다시 오랜 시간을 참고 기다리시어, 지상에 메시아를 다시 보내야 하는 아버지의 고달픔을 무엇으로 표현할 수 있겠습니까. 소자가 너무도 죄송하옵니다."

그러자 신은 예수의 눈물을 닦아주며 미소를 지어 보였다.

"아니다. 네가 죄송할 것 없느니라. 이 세상을 창조한 것은 내가 아니더냐. 세상을 창조한 신이 끝까지 책임을 지는 것이 당연한 일이니라. 너는 지금까지 한 치도 어긋남 없이 아버지의 뜻을 따른 유일한 독생자이니라. 그러니 이제 괴로워하지 말고 나의 오른편에 앉아서 타락된 지상을 살리는 일에 함께하자꾸나."

예수가 승천하고 얼마 후 예수를 믿는 무리가 120명쯤 모인 자리에서 베드로가 일어나 말하였다.

"형제들이여, 12제자 중에 가룟 유다는 선생님을 잡아 죽인 자들의 앞잡이 노릇을 했던 자요. 이제 그가 사라졌으니 가룟 유다를 대신할 제자를 새로 뽑아 우리와 함께 선생님의 부활을 증거하는 사람이 되게 하려 하오."

베드로의 말에 따라 모인 사람들이 제비를 뽑기로 하여 맛디아가 뽑혔다. 이제 다시 12명으로 재결합한 제자들은 세상을 향하여 나설 것을 굳게 다짐하였다.

그때 갑자기 하늘에서 강한 바람 소리가 나더니 그들이 앉아있던 온 집 안을 가득 채웠다. 그리고 혀처럼 생긴 불이 나타나더니 그것이 갈라져 각 사람 위에 내려앉았다. 그러자 그들의 혀가 꼬이며 알 수 없는 말을 내뱉는 것이었다. 그들이 자기도 모르는 말을 쏟아내며 밖으로 뛰쳐나갔다. 그때 예루살렘에는 칠칠절 명절을 쇠러 세계 각지에서 살던 유대인들이 와 있었다. 그들은 어디선가 자기네 살던 나라의 말이 들리자 궁금하여 그곳으로 몰려갔다.

"지금 말하고 있는 저들은 다 갈릴리 사람들이 아니냐?"

"맞네, 그런데 저들이 하는 말이 우리가 각자 태어난 나라의 말로 들리니 도대체 어떻게 된 것인가?"

"혹시 저들이 술에 취해서 저러는 것인가?"

그때 베드로가 일어서서 큰 소리로 말하였다.

"여러분! 우리는 술에 취한 것이 아니오. 하나님이 말씀하시길 '말세에 내가 성령을 모든 사람에게 부어 주겠다. 너희 자녀들은 예언할 것이며 너희 청년들은 환상을 보고 너희 노인들은 꿈을 꿀 것이다.'라고 하였소.

여러분도 아시겠지만, 하나님은 나사렛 예수를 통해 기적과 놀라운 일을 여러분 가운데 베푸셔서 그분을 여러분에게 증거해 주셨소. 이 예수는 하나님이 미리 아시고 정하신 계획에 따라 여러분에게 보내셨는데 여러분이 악한 사람들의 손을 빌려 그분을 십자가에 못 박아 죽였소. 그러나 하나님께서는 이 예수를 다시 살리셨소. 이 일에 대해서는 우리가 모두 다 증인이오. 그러므로 여러분, 이 일을 분명히 아시오. 여러분이 십자가에 못 박아 죽인 이 예수를 하나님께서는 메시아로 삼으셨소."

베드로의 연설은 듣고 있던 유대인들의 마음에 강한 울림을 주었다.

"알겠소. 그렇다면 우리가 어떻게 하면 좋겠소?"

그러자 베드로가 그들에게 말하였다.

"여러분, 모두 회개하고 예수의 이름으로 세례를 받아 죄 사함을 받으시오. 그리하면 성령을 선물로 받을 것이오."

몰려왔던 유대인들이 베드로의 말을 기꺼이 받아들여 그날 세례를 받은 사람의 수가 무려 3,000명이나 되었다.

이후 예수의 제자들은 온 세계를 두루 다니며 죽는 순간까지 예수를 증거하고 말씀을 전파하였다.

에필로그

예수의 제자들은 스승이 잡혀갈 때는 모두가 도망쳤지만, 부활 이후에는 믿음을 강하게 하고 한마음이 되었다. 그들은 세계 곳곳을 누비며 선교했고 순교하는 순간까지 믿음을 버리지 않았다. 스승이 살아있는 동안에 그런 믿음을 보였다면 좋았겠다는 아쉬움은 있지만 어쨌든 그들은 예수의 부활 이후 새사람이 되어 죽음을 각오하고 선교 활동을 벌였다.

그 노력은 결실을 보아서 로마는 서기 313년에 기독교를 공인하게 되었고 서기 380년에는 기독교를 국교화하였다. 그동안 기독교를 잔인하게 탄압하던 로마는 결국 예수에게 굴복하였다. 그 후 기독교는 유럽을 지배하였고 오늘날은 전 세계 인구의 3분의 1이 예수를 믿게 되었다.

하지만 예수를 믿는 자만이 천국 가는 '영혼 구원'의 한계로 인해 지상은 여전히 죄악과 전쟁으로 물든 사탄의 세상이 그대로 남아 있다. 따라서 신은 이 지상을 사탄으로부터 완전히 찾아오기 위해서 또다시 메시아를 보낼 수밖에 없는 것이다. 다시 보내는 메시아를 기독교에서는 '재림 메시아'라 부른다. 수많은 기독교 성도들은 이 재림 메시아가 언젠가는 올 것이라는 믿음으로 그를 간절히 기다리고 있다.

재림 메시아는 무엇을 하러 오는 것인가?

재림 메시아는 예수가 이루지 못했던 이상을 다시 이루고자 지상에 와야만 한다.

그렇다면 예수가 이루지 못했던 이상이란 무엇인가?

예수가 이 땅에 온 이유는 이스라엘 선민이 자기를 믿고 따르게 하기 위해서였다. 만일 그랬다면 예수는 그때 메시아이자 이스라엘의 왕이라는 칭호를 받았을 것이며 얼마 지나지 않아 예수의 사상은 당시 최강 국가였던 로마에 바로 전파되었을 것이다.

예수의 사상이 로마에 전파되었다면 정신세계가 빈약했던 로마의 문화를 단기간에 바꿔 놓았을 것이다. 로마가 바뀌었으면 세계가 바뀌는 것은 시간문제였다. '모든 길은 로마로 통한다'고 하지 않았던가? 그 길을 따라 전 세계에 예수의 사상이 전파되었을 것이다.

예수의 사상은 무엇이었는가?

그것은 신의 본질에 무지한 인간들을 깨우쳐 모든 인간이 신을 부모로 알고 모시게 하는 것이었다.

만일 인간이 타락하지 않았다면 신만이 유일하게 인간의 부모로 언제든 함께했을 것이다. 하지만 인간은 타락으로 인해 사탄의 간섭을 받을 수 있는 존재가 되었기 때문에 인간에 대해 완전무결함을 원하는 신은 이런 인간을 자녀로서 대할 수는 없었다.

오랜 역사를 두고 메시아를 보내고자 했던 이유는 바로 신이 눈물겹도록 홀로 인간의 부모가 되고 싶었기 때문이다. 이런 신의 이상을 실현하고자 세상에 보내진 존재가 예수였다.

《마리아의 비밀》에서 밝혔듯이 타락된 인간 세상에서 사탄이 간섭할 수 없는 완전무결한 순수 혈통이었던 하늘의 아들은 오로지 예수였다.

그는 최초의 인간 아담이 이루지 못한 소망이었던 하늘의 가정을 이룰 책임이 있었다. 그가 결혼하여 가정을 이루고 자녀를 낳아 신의 자녀들로 혈통을 이어갔다면 그의 후손을 사탄은 전혀 간섭할 수 없었을 것이다. 또한 세상 만민이 예수의 가르침을 받고 모두가 예수를 부모로 삼고 자녀로 거듭나서 혈통을 이어갔다면 마찬가지로 사탄은 그들도 간섭할 수 없었을 것이다. 오로지 신만이 인간의 부모로서 다스릴 수 있는 '이상세계', 그것이 신과 예수가 원했던 세계였다.

　그러므로 인류가 재림 메시아의 뜻을 따라 신의 자녀들로 거듭나서 이상세계가 도래한다면, 신을 부모로 모시는 '인류 한 가족'이 되어 더 이상 사탄이 간섭할 수 없게 될 것이다. 그리하여 지금까지 인간 세상을 어지럽혀 왔던 온갖 죄악과 그로 인해 서로 죽고 죽이는 폭력과 전쟁은 사라질 것이다. 또한 지금까지 우리 인간을 지배해 왔던 사탄의 질투, 시기, 변심의 마음은 사라지고 진정 이웃을 사랑하는 평화 세계가 만들어질 것이다.

　그렇다면 우리 인간의 사명은 무엇인가?
　예수 때와 마찬가지로 인간들이 재림 메시아의 가르침을 따르지 않고 핍박한다면 재림 메시아도 고난받을 것이다. 따라서 유대 관원들이 그랬던 것처럼 전통적인 가치관에만 매몰되어 새로운 것이 나타났을 때 거부할 것이 아니라, 겸손한 자세로 대한다면 누구나 재림 메시아를 알아볼 수 있을 것이다.

즉, 우리의 사명은 재림 메시아를 받아들이는 것이고 그러기 위해서는 겸손함으로 말씀을 받아들일 자세를 갖고 살아가는 것이다.

끝으로 이 책을 정독해 주신 모든 독자에게 깊이 감사드린다.